Unzählige Ratgeber weisen den Lesern den Weg zu mehr Gelassenheit und Glück – und taugen anscheinend wenig: Stress herrscht, wohin man auch sieht. Und mal ehrlich: Ist weniger Stress überhaupt wünschenswert? Wie viele Ärzte, Therapeuten, Anwälte und Polizisten wären arbeitslos, hätten wir weniger Stress! «Die Stressformel» richtet sich an eine vernachlässigte Zielgruppe: alle, die die Nase voll haben von dem Gerede um die ach so erstrebenswerte Gelassenheit. Lassen Sie sich Ihr Recht auf Stress nicht nehmen! «Die Stressformel» zeigt, wie Sie ganz einfach und gezielt mehr Stress in Ihr Leben bringen. In kurzen Kapiteln finden Sie hier jede Menge nützliche Tipps: etwa wie Sie durch gezielte Vernachlässigung Ihres Körpers Stress auslösen oder sich mit irrationalen Gedanken zusätzlichen Stress machen können.

Thomas Hohensee lebt in Hamburg und arbeitet als Life Coach und Autor. Als Experte für Glück und Gelassenheit hat er bereits diverse Bücher veröffentlicht, u. a. «Glücklich wie ein Buddha», «Gelassenheit beginnt im Kopf» und «Erleuchtung in sieben Tagen». Besuchen Sie auch die Homepage des Autors: **www. thomashohensee.de**

THOMAS HOHENSEE

DIE **STRESS**FORMEL

Fix und fertig in fünf Minuten

Rowohlt Taschenbuch Verlag

ORIGINALAUSGABE

Veröffentlicht im Rowohlt Taschenbuch Verlag,
Reinbek bei Hamburg, Juli 2008
Copyright © 2008 by Rowohlt Verlag GmbH,
Reinbek bei Hamburg
Umschlaggestaltung ZERO Werbeagentur, München
(Abbildung: getty images/Angelo Cavalli; Photodisc)
Buchgestaltung und Abbildungen im Innenteil
Anja Sicka, Hamburg
Satz aus der Frutiger PostScript (InDesign)
bei Pinkuin Satz und Datentechnik, Berlin
Druck und Bindung Druckerei C.H.Beck, Nördlingen
Printed in Germany
ISBN 978 3 499 62376 9

BEVOR ES LOSGEHT

11 Ein Wort des Dankes

12 Hinweis

12 Auch das noch!

14 Die Geld-zurück-Garantie

14 Wie Sie das Beste aus diesem Buch herausholen

15 Das Motto des Buches

DIE MUTTER ALLER STRESSFORMELN

19 Wenn es ganz schnell gehen soll

21 Vom schönen Stress

WARUM WIR NICHT GLÜCKLICH SEIN KÖNNEN

25 Ihr Recht auf Stress

26 Born under a bad sign

29 Männer sind vom Mars, Frauen auch

30 Eltern und Kinder passen einfach nicht zusammen

35 Das Neueste aus der Hirnforschung

42 Heute ist nicht mein Tag!

44 Stress kann man lernen

MEHR ESSEN, WENIGER SCHLAFEN

51 Die Weisheit des Charlie Brown

53 Ganz verspannt im Hier und Jetzt

56 No sports

60 Moppel-Ich

65 Prost!

68 Der Geschmack der Freiheit

71 Vorbild Japan

74 Pausen sind nur was für Warmduscher

76 Die goldene Regel des Rainer Werner Fassbinder

DIE SCHÖNSTEN DENKFEHLER DER WELT

81 Vorsicht, das Glück lauert überall

83 Sorge dich doch – lebe verzagt!

86 Die Emotionen müssen raus

88 Das Leben als Katastrophe

93 Muss-turbation

97 Versuch über den Orgas-muss

99 Jetzt tanzen alle mal nach meiner Pfeife

102 Was Sie unbedingt über NFT wissen sollten

105 Das Jammer-Diplom – leichtgemacht

107 So werden Sie zur Drama-Queen

110 Alle Ampeln schon wieder auf Rot

112 Ein Blick in die Zukunft

116 Nur das Beste ist gut genug für mich

121 Spieglein, Spieglein an der Wand

123 Morgen fange ich ein neues Leben an

DIE HÖLLE, DAS SIND DIE ANDEREN

129 Der Feind in meinem Bett

131 Crazy love

133 Ich bin o.k., du bist nicht o.k.

136 Complicate® your Life

138 Complicate® Feng Shui

140 Mama ist da!

FAST AM ENDE

147 Die Zehn Gebote

149 War's das?

DAS ALLERLETZTE

155 Noch mehr Stress

BEVOR ES **LOSGEHT**

EIN WORT DES DANKES

Ich möchte meiner Frau Anneliese, unseren Kindern Leopold und Luise, den drei Katzen Tick, Trick und Track sowie unserem Goldfisch Jonas dafür danken, dass sie mich so lange entbehrt haben, ohne ein einziges Mal zu klagen. Zehn Jahre ist es nun schon her, dass wir uns zuletzt gesehen haben. Seitdem sitze ich allein in der Dachkammer und arbeite fleißig und mit tiefem Ernst an der STRESSFORMEL. Meisterwerke entstehen in großer Einsamkeit.

Mein besonderer Dank gebührt meinem Literaturagenten Peter Dingels-Kirchen. Lieber Peter, ich wage gar nicht zu denken, was ich ohne dich wäre. Du hast das Mögliche unmöglich gemacht. Vor Jahren kannte mich noch niemand auf dem Buchmarkt. Daran hat sich nichts geändert.

Sehr herzlich danken möchte ich auch dem Lektorat, das mir gezeigt hat, was es heißt, in einem echten Team zu arbeiten.

In Worten vermag ich gar nicht auszudrücken, was ich für meinen Verleger empfinde. Goethe hat es so gesagt: «Verleger gehören in eine Extra-Hölle.» Wer bin ich denn, dass ich einem solchen Genie widerspräche?

Besonders glücklich bin ich, dass Sie dieses Buch lesen. Sollten Sie es gekauft haben, danke ich Ihnen außerdem dafür, dass Sie meine Arbeit finanziell unterstützen. Von jedem verkauften Exemplar geht eine kleine Spende an den Autor.

HINWEIS

Dieses Buch enthält Wörter, die Ihr sittliches Empfinden stören könnten. Noch haben Sie die Chance, es wieder aus der Hand zu legen. Dann bliebe Ihnen aber eine Menge Stress erspart. Und das wollen Sie doch nicht, oder?

AUCH DAS NOCH!

Ich wechsle gelegentlich zwischen männlichen und weiblichen Sprachformen. Dies geschieht ausschließlich wegen der besseren Lesbarkeit.

Wenn in diesem Buch also von Frauen die Rede ist, sind Sie, meine verehrten Herren, stets mitgemeint. Im Text werde ich ab und zu darauf hinweisen, damit es am Anfang besser klappt.

Es war einmal eine Zeit, da gab es nur Ärzte, Anwälte und Busfahrer. Diese Zeit ist vorbei. Heute praktizieren auch Ärztinnen und Anwältinnen. Busfahrerinnen haben das Steuer übernommen. Sollten Ihnen die weiblichen Substantive und Pronomen – falls Sie wissen, was ich meine –

gegen den Strich gehen, springen Sie ruhig im Dreieck. Es ist egal, was Sie auf die Palme bringt. Hauptsache, Sie gehen hoch.

Was die Lesbarkeit angeht, glaube ich nicht, dass sie vom ausschließlichen Gebrauch der männlichen Sprachformen abhängt. In meinem Regal stehen viele Bücher, die das Gegenteil beweisen.

Alles in allem war der Angriff auf die deutsche Sprache, den die Kultusminister «Rechtschreibreform» genannt haben, eine größere Zumutung. Man kann jetzt schreiben, wie man spricht, also «Motiwatzion» und «Odekolonnje». Die deutsche «Nazion» haben die Sprachwarte aber verhindert.

Also tragen Sie es mit Fassung. Sie werden auch dies überstehen.

Die AmerikanerInnen (Gott im Himmel, jetzt auch noch das Binnen-I!) nennen diese Sprache «genderfair language». Sie ist in den USA in Sachbüchern bereits eine Selbstverständlichkeit. Ob die Einbeziehung der Frauen in die Sprache den Untergang der abendländischen Kultur, so wie wir sie bisher gekannt haben, bedeutet, wird sich zeigen. Im Sinne der STRESSFORMEL wäre es aber durchaus begrüßenswert.

DIE GELD-ZURÜCK-GARANTIE

Der Verlag und ich haben lange diskutiert, ob wir Ihnen den Buchpreis erstatten, falls Sie mit dem Inhalt nicht zufrieden sind. Ergebnis: nein. Wir haben jeden Tipp mindestens zweimal selbst ausprobiert. Daher können wir mit gutem Gewissen erklären: Diese Anleitung ist cool. Die STRESSFORMEL funktioniert. Sollten Sie das Gegenteil behaupten, wissen wir, dass Sie die Ratschläge nicht befolgt haben. Also kriegen Sie keinen Cent zurück. Wir sind ja nicht blöd.

Wenn es gar nicht anders geht, können Sie das Deckblatt vom Buch abreißen und an den Verlag schicken (bitte ausreichend frankieren!). Wir wissen dann schon Bescheid.

WIE SIE DAS BESTE AUS DIESEM BUCH HERAUSHOLEN

Schlagen Sie das Buch an einer beliebigen Stelle auf und stellen Sie einen Becher frischgebrühten Kaffees darauf. Die braunen Ringe, die sich während des Trinkens auf dem Papier bilden werden, entschädigen Sie und alle nachfolgenden Leserinnen ein wenig dafür, dass es hier keine vierfarbigen Abbildungen gibt. Sie trinken keinen Kaffee?

Macht nichts. Ein Becher Kakao tut's auch. Fettige Finger? Alles ist willkommen.

Falls Ihr Kind gerade kein Zeichenpapier zur Hand hat, aber trotzdem **sofort** (dazu gleich mehr!) sein Mal-Set mit den 24 leuchtend bunten Filzschreibern ausprobieren möchte, und zwar in diesem Buch, lassen Sie es gewähren. Streichen Sie ihm sanft über das Haar und denken Sie: «Du bist Deutschland! Unsere Zukunft!»

Wenn Sie so verfahren, können Sie das Buch nach einem halben Jahr in einen Topf mit ca. einem Liter Wasser werfen. Kurz aufkochen, umrühren. Das Ganze ergibt eine kräftige Brühe, ausreichend für vier Personen.

DAS MOTTO DES BUCHES

So viele Vorbemerkungen: Jetzt fragen Sie sich, ob dieses Buch irgendwann nochmal richtig anfängt. Das frage ich mich langsam auch. Aber denken Sie immer an das Motto des Buches: **Stress vom ersten Satz an!**

Außerdem holen wir die versäumte Zeit SOFORT auf; denn mit dem ersten Tipp brauchen Sie nicht einmal fünf Minuten, um völlig fix und fertig zu sein.

Bitte blättern Sie um.

DIE MUTTER
ALLER **STRESSFORMELN**

WENN ES GANZ SCHNELL GEHEN SOLL

Mitte der neunziger Jahre konnte man in einem Ratgeber lesen, dass jetzt Schluss sein sollte mit dem alten Zauberwort. Das alte Zauberwort hieß «bitte». Kinder mussten es aussprechen, bevor die Erwachsenen ihnen ihren Wunsch erfüllten. Diese Erziehung hielt die Autorin, besonders bei Mädchen, nicht mehr für zeitgemäß. Sie freute sich, dass ihre Tochter ein neues Zauberwort entdeckt hatte. Wenn sie etwas wollte, sagte sie nicht «bitte», sondern «SOFORT». Ihre Mutter erkannte das als ein Zeichen kraftvoller Selbstbehauptung.

Damit ist die segensreiche Wirkung des neuen Zauberwortes jedoch bei weitem nicht ausgeschöpft. «SOFORT» ist nämlich die Mutter aller Stressformeln. Sie eignet sich für Mann und Frau, Jung und Alt, dick und dünn. Sie ist universell und zeitlos.

Das neue Zauberwort bringt einen vielleicht nicht überallhin, aber schnell und zuverlässig an den Rand eines Nervenzusammenbruchs. Sobald Sie die Forderung «Ich will es, und zwar SOFORT» gestellt haben, läuft die Stoppuhr. Mit jeder Sekunde wächst Ihre Wut. Was fällt den anderen ein, Ihre Forderungen nicht auf der Stelle zu erfüllen? Haben Sie sich nicht klar genug ausgedrückt? Die anderen sollen springen: Dalli, dalli! Hopp, hopp!

Die unangenehme Kehrseite des Zauberworts besteht leider darin, dass die anderen Ihnen etwas husten werden. Sie haben nämlich eine krasse Gegenforderung: dass Sie SOFORT verschwinden. Nach einem derartigen Affront haben Sie nur noch zwei Möglichkeiten: entweder Ihr Gesicht zu verlieren oder die Ärmel hochzukrempeln und die anderen vor die Tür zu bitten.

Sollten Sie des Öfteren mit Ihren absolutistischen Forderungen Erfolg haben, müssen Sie sich trotzdem keine Sorgen machen, dass Ihre Welt stressfrei wird. Im Gegenteil: Sie werden noch empfindlicher reagieren, wenn irgendein Wicht es einmal wagen sollte, Ihren Kommandos nicht SOFORT nachzukommen. Die vorangegangenen Erfolge werden Sie so sehr verwöhnt haben, dass Sie es weder fassen noch ertragen können, wenn Ihnen jemand einen Wunsch abschlägt oder länger als «SOFORT» braucht.

Mit Ihrer dynamischen Ungeduld knüpfen Sie mühelos da an, wo Sie im Alter von zweieinhalb Jahren aufgehört haben. Sie fangen an zu schreien und möchten sich am liebsten auf den Boden werfen. Mama hat «nein» gesagt, obwohl Sie doch mit allem Nachdruck klargemacht haben, was Sie SOFORT haben wollen. Schlimme Welt, böse Welt!

Lassen Sie sich davon nicht beirren. Verlangen Sie weiterhin, dass ALLE Ihre Wünsche IMMER und ÜBERALL SOFORT erfüllt werden. Mit diesen drei anderen Zauberwörtern können Sie die Wirkung des einen noch wesentlich steigern. Dann dauert es keine fünf Minuten, bis Sie fix und fertig sind. Sie sind es SOFORT.

VOM SCHÖNEN STRESS

Worüber unterhalten wir uns hier eigentlich? Was ist Stress überhaupt? Mir persönlich gefällt die folgende wissenschaftliche Definition am besten: «Stress ist eine unspezifische Anpassungsleistung des Organismus an eine äußere Anforderung.» Sie enthält im Grunde alles, was man darüber wissen sollte. Kein Wort zu viel und keines zu wenig. Jeder weitere Kommentar ist überflüssig.

Wissenschaftler unterscheiden verschiedene Arten des Stresses. Wir wollen uns an dieser Stelle etwas eingehender mit dem sogenannten «Eustress» beschäftigen. Die Vorsilbe «eu» kennen Sie bereits von «Euphorie». Übersetzt bedeutet sie so viel wie «wohl», «gut», «schön».

Eustress ist die euphemistische Bezeichnung für Stress, also gewissermaßen der gute Stress. Dieser schöne Begriff bringt die Botschaft am besten zum Ausdruck, um die es uns vor allem geht: **Stress ist schön**. Man könnte auch sagen: Eustress ist der kleine Bruder der Euphorie. Wenn Ihr Herz jagt, das Ohr pfeift, der Atem kurz wird, dann wissen Sie von jetzt an, worum es sich handelt: Eustress. Begeistert jubeln Sie: «Eu, Stress!»

Wer die Schönheit des beschwerlichen Lebens noch

nicht voll verinnerlicht hat, neigt dagegen zu der düsteren Äußerung: «Iss dess wieder eu Stress heit!»

Wir wollen der Wissenschaft also dankbar sein, dass sie unseren Wortschatz um so einen schönen Begriff bereichert hat und dem einseitig negativen Ansehen des Stresses in der Bevölkerung so entschieden entgegentritt.

Deshalb merken wir uns: Es gibt drei Arten von Stress, den bösen, den gewöhnlichen und den guten. Den Ersteren lehnen wir selbstverständlich ab. Und gewöhnlich ist das, was wir erleben, ganz und gar nicht. Wir denken positiv. Deshalb ein dreifach Hoch auf den schönen Stress!

WARUM WIR **NICHT GLÜCKLICH SEIN** KÖNNEN

IHR RECHT AUF STRESS

Ständig wird einem suggeriert, man müsse nach Glück und Gelassenheit streben. Kein Wunder, dass manche sich fragen: Warum soll ich denn immer glücklich sein? Auf diesem anfänglichen Widerstand gegen das Glücksstreben kann man sehr gut aufbauen.

Meiner Meinung nach muss niemand glücklich oder gelassen sein. Ich persönlich ziehe zwar Glück dem Stress vor, aber ich weiß sehr gut, dass einfach zu wenige Anleitungen darüber geschrieben werden, wie man es schafft, Tag für Tag hundertprozentig unter Stress zu stehen. An diese vernachlässigte Zielgruppe richtet sich dieses Buch. Lassen Sie sich Ihr Recht auf Stress von niemandem nehmen!

Wie läuft man im Job zur Höchstform auf? Wann ist man bereit, das Letzte zu geben? Doch nur unter Stress!

Wäre es nicht schrecklich, wenn es keinen Stress mehr gäbe? Überlegen Sie doch mal: Wie viele Ärzte, Therapeuten, Anwälte, Richter, Polizisten und andere wären arbeitslos! Kein Mobbing mehr am Arbeitsplatz, kein Streit unter Freunden. Die Pharmaindustrie könnte kaum noch Beruhigungspillen verkaufen – und auch so manche andere Pille gegen stressbedingte Krankheiten nicht mehr. Gar nicht auszudenken!

Am Ende würde noch die Vision aller Utopisten und Idealistinnen wahr: Wir müssten in einer «heilen Welt» leben, in der Glück, Gelassenheit und Liebe herrschten. Ein Albtraum!

Keine Sorge, die STRESSFORMEL beugt dem wirksam vor. Alle, die bisher völlig unkontrolliert scheinbar zufällig Stress erfahren haben und sehnsüchtig auf den nächsten nervigen Moment warten mussten, können endlich – wie ihre dauergestressten Mitmenschen – gezielt mehr Stress in ihr Leben bringen.

Und das Beste von allem: Sie müssen nichts grundsätzlich Neues lernen, sondern können einfach so weitermachen wie bisher. Keine komplizierten Trainingsprogramme, keine übermenschlichen Anstrengungen! Die STRESSFORMEL ist so einfach, dass bereits kleine Kinder sie mühelos beherrschen.

BORN UNDER A BAD SIGN

Ja, warum sollte man immer glücklich sein? Diese Frage lässt sich nicht so einfach mit Ja oder Nein beantworten. Deshalb ist es besser, sie einfach links liegenzulassen; denn eine andere Frage ist viel drängender: Kann man überhaupt glücklich sein? Ist etwa jeder seines Glückes Schmied?

Immerhin wissen wir bereits, wie die Antwort lauten

muss: NEIN. Wir müssen nur noch die Gründe dafür finden.

Wie sieht es beispielsweise mit den armen Teufeln aus, die unter einem unglücklichen Stern geboren wurden? Kann doch sein, dass man wegen so einer fiesen Sternenkonstellation bei der Geburt zu einem Leben voller Stress verdammt ist! Wenn der Uranus gerade im siebten Haus des Jupiters stand, während Saturn die Laufbahn der Venus kreuzte, hat man verdammt schlechte Karten. Das lässt sich später nicht nachverhandeln.

Diese Begründung hat den enormen Vorteil, dass sie unwiderlegbar ist. Okay, sie ist auch nicht zu beweisen. Aber **Sie** müssen auch nichts beweisen; denn **Sie** wissen, dass die Sterne an Ihrem Stress schuld sind. Wenn **die anderen** das nicht begreifen, ist das **deren** Problem.

Sie können bestimmt auch jemanden finden, der Ihnen Ihr Schicksal aus der Hand liest und den Verdacht erhärtet, unter einem bösen Stern geboren zu sein. Es laufen ein paar mit allen Wassern gewaschene WahrsagerInnen herum, die gegen bare Münze bestimmt dazu bereit sind.

Aber überlegen Sie sich gut, ob Sie es wirklich **so** genau wissen wollen. Ich habe einige getroffen, denen zum Beispiel vorausgesagt wurde, dass sie mit 41 Jahren sterben bzw. im Laufe ihres Lebens noch jemand umbringen würden. Wenn man nicht ganz hartgesotten ist, vergeht einem da der Spaß. Besonders wenn man schon 39 ist und dem Wahrsager, der einem diese üble Prognose gestellt hat, am liebsten seine Glaskugel über den Schädel hauen möchte.

Deshalb sollte man sich lieber mit der selbst eingebildeten Gewissheit zufriedengeben, dass die Sterne bei der Geburt schlecht standen, und lediglich ab und zu genüsslich den guten alten Bluessong «Born under a bad sign» hören. Weitere Beweise braucht man nicht.

Falls Sie nicht an die Sterne glauben, könnten Sie es auch mit der Genforschung versuchen. Dass Sie immer wieder so stark von Stress geplagt sind, könnte daran liegen, dass Ihr X-Chromosom im 28. Abschnitt eine Delle hat. Pech! Das war's dann. Kann man in 100 Jahren vielleicht reparieren, falls die Wissenschaft weiter solche Fortschritte macht. Aber im Moment sieht es schlecht aus.

Was auch immer in Ihrem Leben schiefläuft, denken Sie daran, dass es an Ihren Genen liegen könnte. Anders als die Sterndeutung ist diese Erklärung auch viel moderner. Vor allem wenn Sie ein Mann sind, würde ich Ihnen mehr dazu raten, den Genen die Schuld zu geben. Sterndeutung ist eher Frauensache. Genforschung wirkt irgendwie männlicher. Und im Ergebnis haben Sie keinen Nachteil. Niemand kann Ihnen beweisen, dass Ihr Schicksal nicht durch Ihre Gene vorherbestimmt ist.

MÄNNER SIND VOM MARS, FRAUEN AUCH

Dass Frauen und Männer nicht zusammenpassen, wurde schon immer vermutet. Inzwischen weiß man es aber ganz genau. Deshalb brauchen Sie sich über den Stress in Ihren Beziehungen nicht mehr zu wundern.

Beim Geschlechterkampf haben die Hormone das Rennen gemacht. Nicht die Sterne, auch nicht die Gene, sondern das verfluchte Testosteron und Östrogen steuern den unglücklichen Verlauf der Ehen. Aber letztlich hängt ja alles mit allem zusammen. Die Gene bestimmen die Hormone und die Sterne sind für die Gene verantwortlich. Oder war es umgekehrt? Eigentlich nicht so wichtig. Entscheidend ist die Erkenntnis: Es geht eben nicht.

Dass es auch glückliche Paare gibt, braucht Sie nicht wirklich zu verunsichern. Die Wege der Hormone sind wunderbar. Die Natur schlägt manchmal Kapriolen, die man mit dem Verstand nicht erklären kann. Am besten einfach ausblenden. «Gar nicht 'um kümmern», wie manche sagen.

Deshalb möchte ich Sie auch nicht lange damit behelligen, dass ein paar fragwürdige amerikanische WissenschaftlerInnen behaupten, dass man lernen könne, eine gute Beziehung aufzubauen. Zum Beispiel glauben John Gottman (**Die 7 Geheimnisse glücklicher Ehen**) und Carol Dweck (**Selbstbild**) allen Ernstes solch einen Unsinn.

Schlimm, dass persönliche Meinungen, die bereits dem gesunden Menschenverstand entgegenstehen, heute wissenschaftlich verbrämt werden. Gottman zählt zu den zehn einflussreichsten Psychologen in den USA. Dweck lehrt und forscht in Stanford. Damit Sie den Stellenwert dieser Universität besser einschätzen können: Bei den verschiedenen internationalen Rankings wird Stanford meist an zweiter Stelle hinter Harvard genannt.

Wenn man es nicht besser wüsste, könnten einem so unqualifizierte Behauptungen wie die vom glücklichen Zusammenleben von Mann und Frau schon ziemlich zu schaffen machen. Aber wie gesagt: Am besten gar nicht 'um kümmern.

ELTERN UND KINDER PASSEN EINFACH NICHT ZUSAMMEN

Ständig wird diskutiert, ob Männer und Frauen wirklich zusammenpassen. Dadurch wird eine viel wichtigere Frage überdeckt: Passen Eltern und Kinder überhaupt zusammen?

Die Kindheit wird von vielen Psychologen als die Zeit angesehen, in der wir die Neurosen lernen, für die wir den Rest unseres Lebens brauchen, um sie wieder loszuwerden. Manche meinen sogar, wir würden von unseren Eltern für den Rest unseres Lebens geprägt (so ähnlich wie Gänseküken), sodass wir sowieso keine Chance hätten, unsere Macken wieder zu verlieren. Falls Sie Interesse an einer selbsterfüllenden Prophezeiung haben, würde ich Ihnen stark zu dieser Auffassung raten. Damit sind Sie endgültig aus dem Schneider, was Ihr Lebensglück angeht. **Ihre Eltern sind schuld, dass Sie so viel Stress haben!**

Schauen und hören Sie sich doch mal um. Überall Eltern mit schreienden Kindern. Noch Fragen? Das ist Abstimmung mit der Kehle. Eine Abstimmung mit den Füßen findet nur deshalb nicht statt, weil die Kleinen noch nicht richtig weglaufen können. Aber Ansätze dazu kann man durchaus beobachten. Würde ein glückliches Kind aus vollem Hals brüllen? Wir haben uns daran gewöhnt, dass Kinder nun mal viel schreien. Für die ersten paar Lebensmonate ist das Schreien (der Kinder) artgerecht. Aber danach müsste es eigentlich weniger werden. Dass es dazu nicht kommt, lässt den sicheren Schluss zu, dass Eltern und Kinder nicht zusammenpassen.

Es ist wohl eines der bestgehüteten Geheimnisse, dass die Kindheit für die meisten Menschen nicht die glücklichste Zeit ihres Lebens ist. Das war schon immer so. In der Vergangenheit noch mehr als heute. Kinder konnten froh sein, wenn sie überhaupt überlebten. Lloyd DeMause schildert in seinem Buch mit dem bezeichnenden Titel **Hört Ihr die Kinder weinen** die Sozialgeschichte der Kinder in früheren Jahrhunderten. Keine Spur von Idylle. Kinder waren weitgehend rechtlos, wie im Übrigen die meisten

Erwachsenen auch. Es war die Zeit, als Töchter für ein paar Ziegen und Kühe an ihren zukünftigen Ehemann verkauft wurden. Die Söhne gingen für eine Handvoll Dukaten als Soldaten an den Landesfürsten.

Im Vergleich dazu geht es heute viel ziviler zu. Trotzdem bleibt die Frage, ob Eltern und Kinder wirklich zusammenpassen. Ich spiele seit längerem mit dem Gedanken, ein Buch mit dem Titel **Wenn Eltern lieben** zu schreiben. Darin ginge es nicht einmal in erster Linie um sexuellen Missbrauch oder um Gewalt gegen Kinder, sondern um die weitverbreitete körperliche und psychische Vernachlässigung und die alltägliche Drangsaliererei. Eltern und andere Erwachsene drängen Kinder in Berufe, zu denen diese keine Lust haben. Sie raten ihnen zu PartnerInnen, die keine glückliche Ehe versprechen. Damit nicht genug. Wie viele Eltern lassen ihre Kinder auch dann noch nicht in Ruhe, wenn diese längst erwachsen sind? Mit allen möglichen Nötigungen wie Enterbung, Abbruch der Beziehung und Verfluchung reden sie ihnen in alle Fragen ihres Lebens hinein, egal ob es um die Lage und Einrichtung ihrer Wohnung, die Frisur oder Kleidung, die Freundinnen und Freunde, das Geldverdienen oder den Wunsch nach Enkeln geht. Am besten finden es manche Eltern, wenn ihre Kinder überhaupt nicht ausziehen, sondern eine «eigene» Wohnung im elterlichen Hause bekommen, was meist nur die Fortsetzung der Kindheit mit anderen Mitteln bedeutet.

Das alles ist jedoch nur eine kurze Beschreibung des Stresses, den Kinder mit ihren Eltern in früheren Zeiten hatten und der zum Teil noch heute andauert. Aber auch für die Eltern sind ihre Kinder nicht immer das reine Vergnügen. Nach wissenschaftlichen Erhebungen sind Eltern unglücklicher als kinderlose Erwachsene. Es ist eine gewisse Ironie, dass die Gesellschaft sie zwingt, so zu tun, als ob es nichts Schöneres gebe als Kinder, besonders jetzt, wo wir kurz vor der Wiedereinführung des Mutterordens stehen und Strafsteuern und andere Repressalien gegen Kinderlose diskutiert werden. Kinder in den ersten Lebensmonaten bedeuten für die meisten Eltern vor allem schlaflose Nächte. Sollten Sie sich gerade in dieser Phase befinden, brauchen Sie die STRESSFORMEL im Moment nicht. Aber holen Sie das Buch unbedingt wieder hervor, wenn Ihre Kinder älter werden, es sei denn, der Stress, den Sie mit Ihrem Nachwuchs haben, reicht Ihnen auch so schon.

Eltern hoffen auf die Zeit, wenn ihre Kinder «aus dem Gröbsten raus» sind. Für viele kommt diese Zeit zum Glück nie, sonst müssten sie ernsthaft darüber nachdenken, womit sie sich sonst unglücklich machen könnten. Ärger mit der Schule, wo es immer noch LehrerInnen gibt, die darauf bestehen, dass ihre SchülerInnen lernen und Rücksicht auf andere nehmen. Vielfältige Sorgen um das Wohl der Kinder. Probleme wegen des Verhaltens innerhalb und außerhalb der Schule. Später der Stress, wenn die inzwischen jugendlichen Kinder kriminell werden, Drogen nehmen, sich im Komatrinken üben und sich für Pornographie, Killerspiele und teure Designermode interessieren. Nicht zuletzt die finanziellen Probleme, die Eltern dadurch auf sich nehmen, dass sie Kinder bekommen.

Falls Ihre erwachsenen Kinder Ihnen also vorwerfen, Sie hätten ALLES falsch gemacht und deshalb sei das Leben Ihrer Kinder nun FÜR IMMER verpfuscht, dann brauchen Sie nur ganz locker den Spieß umzudrehen: **Ihre Kinder sind schuld an Ihrem Stress. Sie wären ohne sie glücklich geworden, aber dann kamen Ihre Kinder dazwischen.** Nicht schlecht, oder?

Der Mythos besagt, dass alle Männer und Frauen sich Kinder wünschen. Tatsächlich war es früher so, dass geheiratet wurde, wenn es «passiert» war. Trotz verschiedener Verhütungsmöglichkeiten hat sich daran nur wenig geändert. Das sagt natürlich keiner so unverblümt. Lieber spricht man verlogen von «Wunschkindern». Aber egal ob sie erwünscht sind oder nicht, Kinder kosten Geld. Deshalb beschäftigt viele in unserer auf Geld gepolten Gesellschaft die Frage: Rechnet sich das Kinderkriegen? Wer übernimmt die Kosten? Nicht nur Wirtschaftsunternehmen beanspruchen Subventionen und Geldgeschenke seitens des Staates. Auch die ganz gewöhnliche Kleinfamilie denkt heute unternehmerisch: Was zahlt uns der Staat dafür, dass wir die vaterländische Pflicht auf uns nehmen, Kinder in die Welt zu setzen? Gemäß der Devise: Frage nicht, was du für dein Land tun kannst. Frage, was dein Land für dich tun kann.

Eltern müssen häufig ihren Lebensstandard senken, damit sie für das Wohl ihrer Kinder sorgen können. Das rechnen sie ihren Kindern später gelegentlich vor. Umgekehrt sind aber auch die Eltern für die Kinder nicht selten ein finanzielles Risiko. Wenn sie sich nämlich mit Kindern aus reichen Familien vergleichen, dann belaufen sich ihre jährlichen Verluste auf viele tausend Euro.

All diese Überlegungen lassen nur einen vernünftigen Schluss zu: Eltern und Kinder passen einfach nicht zusammen.

DAS NEUESTE AUS DER HIRNFORSCHUNG

Oft verhindern unsere Gefühle, dass wir glücklich sind. Wer kennt keine Sorgen, Frustrationen, Ängste und den täglichen Ärger? Könnte es nicht sein, dass wir von Natur aus gar nicht dafür geschaffen sind, ohne Stress zu leben? Dank der Wissenschaft wissen wir heute eine Menge über die Entstehung unserer Gefühle. Über die Rolle, die das Gehirn dabei spielt, werden Sie gleich mehr erfahren.

Zuvor möchte ich Ihnen aber darlegen, wie die moderne Medizin ein anderes schwerwiegendes Problem erklärt, nämlich die Rückenschmerzen, unter denen wir ähnlich leiden wie unter unseren unglücklichen Emotionen. Die

Erklärung, die die Medizin für Rückenschmerzen anbietet, ist denkbar einfach: Menschen sind nicht dafür geschaffen, aufrecht auf zwei Beinen zu gehen. Na bitte! Durch irgendeinen verhängnisvollen Zufall müssen unsere Vorfahren wider alle Vernunft auf die wahnwitzige Idee gekommen sein, sich aufzurichten und auf das Abstützen des Körpers durch die Arme zu verzichten. Das konnte nicht gutgehen. Schauen Sie sich doch einmal das Bild eines aufrechtstehenden Menschen an. Zwei mehr oder weniger dünne Beine mit zwei relativ kleinen Füßen tragen das bisweilen immense Gewicht des Oberkörpers mit einem mächtigen Bauch und einem entsprechend dicken Gesäß. Und obendrauf dann noch der Kopf, der auch noch mal einige Kilo wiegt (bei Frauen etwas weniger, weil deren Gehirn kleiner ist; das nützt ihnen aber hinsichtlich der Körperbalance auch nichts). Egal, was die Birne wiegt: Das Ganze ergibt ein total labiles Gleichgewicht. Die Bandscheiben ächzen. Die Muskeln schreien. Der ganze Turm ist ständig in Gefahr zusammenzubrechen.

Nun fragt man sich aber, warum unter diesen Umständen nicht alle Menschen immerzu Rückenschmerzen haben. Wie ist es möglich, dass man Männer und Frauen sieht, die sich elegant und mühelos durch die Gegend bewegen? Aber es ist sinnlos, sich weiter mit solchen Fragen zu beschäftigen. Das würde doch nur dazu führen, dass man frei von Rückenschmerzen leben müsste.

Säugetiere – und wir Menschen gehören nun mal dazu –

sollten eigentlich ihrem Rücken zuliebe auf allen vieren gehen. Sehen Sie sich doch nur die Kühe auf der grünen Weide an. Wie glücklich sie sind! – Oder vielleicht doch nicht? Kühe sind bei näherer Betrachtung auch nicht gerade von der Natur bevorzugt. Sie haben so riesige Köpfe. Da kann die Schwerkraft mächtig dran ziehen. Nein, Kühe müssen angesichts ihrer Anatomie gewaltige Nackenprobleme haben. Arme Dinger!

Nach diesen Vorbemerkungen werden Sie leichter verstehen, wie die Anatomie und Funktion des menschlichen Gehirns auf hinterhältige Weise verhindert, dass wir glücklich werden. Hirnforscher haben im Gehirn Strukturen entdeckt, die sie das limbische System nennen. Ein Teil davon, die Amygdala, bestimmt darüber, wie wir Sinnesinformationen emotional bewerten. Amygdala heißt auf Deutsch übrigens Mandelkern und ist über den Reim «Apfel, Nuss und Mandelkern essen alle Kinder gern» leicht zu merken.

Nehmen wir mit den Augen oder Ohren eine Gefahr wahr, gibt die Amygdala Alarm. Wir erleben Stress pur. Namhafte Wissenschaftler glauben, dass wir darauf keinen Einfluss haben. Das Gehirn trickst uns aus. Leider gibt es aber sogar noch einen zweiten Grund, weshalb wir mit unserem Gehirn nicht glücklich werden können, und der hat mit den beiden Hirnhälften zu tun.

Betrachtet man das menschliche Gehirn von oben – ich hoffe, Sie tun das so wie ich nur anhand von Bildern –, fällt einem sofort auf, dass es aus zwei nahezu identischen

Hälften besteht. Die Natur war wie immer großzügig und gab uns wie so oft von allem zwei: Augen, Ohren, Hände, Arme, Beine, Füße, Nieren und – okay, das reicht als Beispiel. Im Grunde genommen sind wir doppelt angelegt. Deshalb haben die meisten auch zwei Persönlichkeiten. Oder wie Goethe sagte: «Zwei Seelen wohnen, ach! in meiner Brust.»

Deshalb überrascht es eigentlich nicht, dass auch das Gehirn zwei Hälften aufweist. Nach und nach ist es den Hirnforschern gelungen, den Hälften verschiedene Funktionen zuzuordnen. So soll die linke Gehirnhälfte für Sprache, Logik, Zahlen, Details sowie das analytische, unterscheidende, kritische Denken zuständig sein, während Bilder, Ganzheiten, Intuition, Gefühl, Musik, Kreativität und das synthetische, zusammenfassende, spielerische Denken der rechten Gehirnhälfte zuzuordnen seien. So weit, so gut.

Leider ist diese scheinbar klare Zuordnung bei genauerer Betrachtung gar nicht mehr so klar. Zum einen kontrolliert die rechte Hirnhälfte die linke Körperhälfte und die linke die rechte. Falls man rechts und links nicht sauber auseinanderhalten kann, kann es hier bereits zu ersten Komplikationen kommen. Zum anderen sind einige Funktionen, die bei den meisten links angeordnet sind, bei manchen rechts zu finden, so wie einige nicht Rechts-, sondern Linkshänder sind. Hinzu kommt, dass zahlreiche Menschen offenbar rechtshirn- oder linkshirndominant sind. Die Linkshirnigen rechnen gerne, denken logisch und analytisch, sind aber nicht besonders kreativ. Die gefühlvolle, künstlerische Seite kommt etwas kurz. Umgekehrt bei den Rechtshirnigen. Sie haben einen großen Sinn für Musik, bildende Kunst und für Gefühle. Sie behalten den Überblick, wenn die Linkshirnigen schon längst nicht mehr wissen, wo rechts und links ist. Dafür fällt es ihnen schwer, sachlich und logisch zu denken. Zum Glück lassen sich beide Hirnhemisphären und auch ihr Zusammenspiel trainieren. Für die Entfaltung des gesamten Potenzials ist es entscheidend, dass die linke und die rechte Hirnhälfte optimal zusammenarbeiten.

Umsichtige Pädagogen haben sich schon immer für eine allseitige Entwicklung der Persönlichkeit ausgesprochen. Aber natürlich ist es zu begrüßen, dass wir nun wissen, welche Hirnhälfte jeweils unserer besonderen Aufmerksamkeit bedarf. Mit ein paar lustigen Über-Kreuz-Übungen kann man angeblich beide Hirnhälften bei Bedarf anschalten. Wer diese Hirngymnastik kennt, ist seinem Nachbarn schon wieder ein entscheidendes Stück voraus.

Doch bevor Sie jetzt loslaufen, um sich die entsprechenden Informationen zum gehirngerechten Lernen zu besorgen, hören Sie erst noch, was die Querdenker unter den Wissenschaftlern meinen. Diese halten es für möglich, dass das Gehirn überhaupt nicht der eigentliche Sitz des Gedächtnisses ist. Für sie ist das Hirn eher mit einem Radio vergleichbar.

Stellen Sie sich einmal vor, wir wüssten nicht, wie die

Übertragung von Musik- und Nachrichtensendungen zustande kommt. Das Einzige, was wir untersuchen könnten, wären die Radios. Man würde dann lange rätseln, wo die Informationen gespeichert sind. Sitzt die Sängerin im Lautsprecher? Oder in der Antenne? Wo ist das Orchester versteckt? Auf der linken Seite oder auf der rechten? Als Radioforscher hätten wir eine Menge Spaß.

Da wir die Rundfunktechnik und die Speichermedien jedoch selbst erfunden haben, wissen wir, dass ein Radio nur ein Gerät ist, das die Informationen empfängt. Die Musik spielt ganz woanders. Vielleicht in einem Sendesaal oder in einem Aufnahmestudio, wo sie auf einer CD oder einer Computerfestplatte gespeichert und dann gesendet wird.

Das Problem ist, dass wir weder das menschliche Gehirn noch den Rest des Universums erfunden haben. Deshalb sitzen wir etwas ratlos auf diesem Planeten und fragen uns, wie die Welt wohl gebaut ist. Einen kleinen Teil des Ganzen haben wir entschlüsselt, aber das meiste ist immer noch sehr, sehr rätselhaft.

Die Idee, das Gehirn nur als eine Art Informationsempfänger anzusehen und das Gedächtnis irgendwo anders im Universum zu vermuten, ist zumindest kreativ. Dazu passen die Meldungen, dass die Empfänger von fremden Organen nach der Transplantation angeblich manchmal plötzliche Erinnerungen haben, die dem vorherigen Besitzer zuzuordnen sind. Wäre das Gehirn der alleinige Speicher aller Informationen, könnte man dieses Phänomen nicht erklären. Stecken die Erinnerungen etwa nicht nur im Gehirn, sondern in allen Körperzellen? Oder überhaupt nicht im menschlichen Körper? Fragen über Fragen.

Zum Glück haben wir in diesem Buch wesentlich einfachere Fragen zu beantworten, nämlich: Wie können wir unseren Stress im Alltag mit Sicherheit erhöhen? Kann man überhaupt glücklich sein? Und wir haben sogar schon eine Antwort: Nein, Glück ist ein Ding der Unmöglichkeit. Niemand ist seines Glückes Schmied. Wir suchen nur noch nach der richtigen Begründung dafür, und dabei kommt uns auch die Hirnforschung zu Hilfe.

Man sagt, manche Menschen hätten zwei linke Hände. Oder wer sich ungeschickt bewegt, habe eben zwei linke Füße. Das ist es! Wer ständig unter Stress leidet, hat wohl einfach zwei linke Hirnhälften.

Stress könnte darauf hinweisen, dass Ihr limbisches System mitsamt der Amygdala nach rechts verrutscht ist. Sprechen Sie Ihren Hausarzt darauf an. Er wird es Ihnen bestätigen. Falls er Ihnen jedoch vorsorglich zu einer vollständigen Entfernung Ihres Gehirns rät, sollten Sie lieber noch eine zweite Meinung einholen.

HEUTE IST NICHT MEIN TAG!

Wenn Ihnen die Begründung, dass die Sterne, die Gene, die Hormone oder Ihr Gehirn für Ihren Stress verantwortlich sind, etwas hochgegriffen erscheint, dann sagen Sie doch einfach: Heute ist nicht mein Tag!

Sie haben am Morgen schon keine Lust zur Arbeit zu gehen? Klarer Fall: Heute ist nicht Ihr Tag! In der U-Bahn stoßen Sie auf eine Fahrkartenkontrolle, in der Teeküche Ihres Büros ist keine Kaffeesahne mehr? Das heißt nicht, dass Sie unter einem schlechten Stern geboren sind. Auch Ihre Gene und Hormone sind vollkommen in Ordnung. Aber es ist einfach nicht Ihr Tag.

Was auch immer an so einem Tag passiert, Sie können nichts dafür. Sie haben zwar schon seit ein paar Tagen gesehen, dass die Kaffeesahne langsam ausgeht, und im Prinzip hätten Sie rechtzeitig neue besorgen können, aber das ist nur die oberflächliche Sicht der Dinge. Die tiefere Wahrheit lautet: Heute ist nicht Ihr Tag.

Es wäre interessant zu wissen, wie viele gute und schlechte Tage jeder zu Beginn seines Lebens mitbekommt. Und Gott sprach: «Herr Müller kriegt 4712 gute Tage und doppelt so viele schlechte. Der Rest soll irgendwo dazwischen liegen.» – «Frau Maier erhält 7214 gute und 27 schlechte Tage.» So könnte es gewesen sein. Das würde eine Menge erklären.

Oder Herr Müller hat zwar eigentlich seine 9424 schlechten Tage abgedient, aber dann hat Gott selbst einen schlechten Tag und gibt ihm nochmals 782 schlechte dazu. Wenn es stimmt, dass Gott uns nach seinem Bild geschaffen hat, würde das Sinn machen.

Bei der ganzen Sache müssen Sie nur ein einziges Wort meiden wie die Pest: Selbstverantwortung. Wenn es in Ihrer Gegenwart ausgesprochen wird, müssen Sie sofort sagen: «Ich **kann** dieses Wort nicht hören.» Selbstverantwortung, Selbstverwirklichung und immer wieder Selbstverantwortung. Was soll das? Alle Wörter, die mit «selbst» anfangen, sollte man sowieso besser aus seinem Wortschatz streichen. Wer denkt sich bloß solche Gemeinheiten aus?

Nehmen wir zum Beispiel «Selbstverwirklichung». Mit dem Gerede von der Selbstverwirklichung wollen doch nur ein paar Tunichtgute ihre Pflichten leugnen, die sie gegenüber der Gemeinschaft haben. Alle rechtschaffenen Menschen dienen ohne Rücksicht auf ihre Eigeninteressen ihren Mitmenschen (es sei denn, es ist gerade nicht ihr Tag).

Jedenfalls brauchen Sie keine Sterne, Geister und Dämonen, um sich und anderen Ihren Stress zu erklären. Die Würfel sind so oder so gefallen.

Der frühere Bundeskanzler Helmut Kohl benutzte gerne Formulierungen wie: «Jetzt ist nicht die Stunde …» Als er dies in einer Bundestagsrede unentwegt tat – «Jetzt ist nicht die Stunde …, Jetzt ist auch nicht die Stunde …» –, rief ihm der Oppositionspolitiker Herbert Wehner entnervt zu: «Jetzt ist Mittag.» Damit sträubte er sich gegen eine tiefe Wahrheit: Wenn es nicht die richtige Stunde, der richtige Tag oder das richtige Jahr ist, dann hat man eben Pech gehabt. Stress hin, Stress her.

Erweitern Sie Ihr Repertoire, um anderen zu erklären, warum Sie so unter Stress leiden, indem Sie ausgiebig die Helmut-Kohl-Strategie anwenden: Jetzt ist nicht die Stunde, und heute ist nicht Ihr Tag.

Eigentlich wollte ich zu diesem Thema noch wesentlich mehr schreiben. Aber wissen Sie was? Ich glaube, heute ist nicht mein Tag!

STRESS KANN MAN LERNEN

Auch wenn es richtig ist, dass Babys bereits kurz nach ihrer Geburt schreien, also schon mit einem gewissen Sinn für die richtige Reaktion aufs Leben zur Welt kommen, kann doch jeder Mensch später noch erheblich dazulernen.

Oft geben einem die Eltern das geeignete Vorbild, wie man sich viel Stress machen kann: Streitigkeiten werden nicht gütlich ausgetragen, sondern lautstark und unter Zuhilfenahme des Küchengeschirrs (die noch dynamischer veranlagten Paare gehen mit Bratpfanne und Beil aufeinander los). Vorbildliche Eltern schimpfen über ihre Kinder, ihren Chef, die KollegInnen, ihre Eltern, Geschwister und den Rest der Familie, die AutofahrerInnen,

PolitikerInnen und über alle anderen auch. Da kann man sich bereits das Wichtigste abgucken und das Vokabular lernen, das man später so dringend braucht.

Falls Sie nicht das Glück hatten, von solchen Eltern lernen zu können, dann schauen Sie sich doch zu Weiterbildungszwecken Talkshows an, am besten die mit PolitikerInnen. Dort sehen Sie, dass derjenige, der zuhört, bereits verloren hat. Es geht vielmehr darum, so schnell wie möglich die strategische «Lufthoheit» zu erobern, das heißt die anderen zu unterbrechen, um mit lauter, eindringlicher Stimme sich nicht mehr das Wort nehmen zu lassen, auch nicht von der netten Moderatorin, die sowieso genug damit zu tun hat, dass ihr die Haare nicht dauernd ins Gesicht fallen.

Nächst dem Elternhaus ist die Schule wohl der beste Ort, um Stress zu lernen. Das Thema steht auf jedem informellen Lehrplan ganz oben. Die besten Mittel, um Stress schon in jungen Jahren nachhaltig zu fördern, sind Klassenarbeiten, Referate und das Vortragen von Liedern und Gedichten vor der ganzen Klasse, kurzum: Prüfungen aller Art. Ohne die Angst der Schüler wären Prüfungen nur der halbe Spaß, jedenfalls für die LehrerInnen. Beim Thema Stress beweist sich am besten: Nicht für die Schule lernt man, sondern fürs Leben. Deshalb ist es unumgänglich, dass das Erlernen von Stress einen so hohen Stellenwert im Lehrplan einnimmt, und es wäre ein grober Fehler, die Schulen zu stressfreien Zonen zu erklären. Zurzeit muss man sich darüber jedoch keine Sorgen machen. Es sieht nicht so aus, als ob stressfreies Lernen in unseren Schulen demnächst möglich würde.

Falls Ihr Leben irgendwie zu ruhig dahinplätschern sollte, was unter den gegenwärtigen wirtschaftlichen und politischen Umständen unwahrscheinlich ist (Stichwort: Hartz IV), bleibt Ihnen immer noch der Griff zur Fernbedienung. Kein Fernsehen ohne Stress! Sie finden zu fast jeder Tages- und Nachtzeit auf irgendwelchen Fernsehkanälen mehrere Sendungen, die Ihnen Anschauungsunterricht in Sachen Stress geben. Aus den unterschiedlichsten Gründen wird dort geheult, geschrien, geschossen, gehetzt und geschlagen, was das Zeug hält: Szenen des alltäglichen menschlichen Zusammenlebens eben. Die Folterszenen zur Abendbrotzeit werden zusammen mit dem Mineralwasser oder dem Glas Wein hinuntergespült.

Stress legitimiert in den Medien alles. Der irre, sadistische Serienkiller, der Jagd auf Blondinen macht: Das ist bei uns der Stoff, aus dem die Träume sind. Die Darstellung von Sex in jeder Form ist in Ordnung, wenn Gewalt mit im Spiel ist. Die Verbindung von Sex und Gewalt gilt in unserer Gesellschaft nicht als obszön, sondern sichert den Filmen die Bewertung «jugendfrei». Dagegen verstößt die Darstellung lustvoll kopulierender Paare gegen das allgemeine Anstandsgefühl und bleibt daher von den Bildschirmen verbannt. Was sollte man **daraus** auch lernen? Etwa dass Sex Spaß machen kann? Hilfe, nein!

Sollte Ihnen der Stress, den das Fernsehen frei Haus liefert, noch nicht genügen, besorgen Sie sich doch ein Killerspiel für Ihren PC. Dann können Sie interaktiv in das Geschehen eingreifen und müssen nicht passiv davorhocken. Aber passen Sie auf, dass Sie anschließend nicht Amok laufen; denn dieser Nervenkitzel ist offiziell noch nicht erlaubt.

MEHR **ESSEN**, WENIGER **SCHLAFEN**

DIE WEISHEIT DES CHARLIE BROWN

Wenn man sich das Leben schwermachen will, kann man viel von Charlie Brown lernen. Charlie Brown ist der unglückliche Held der **Peanuts**, der weltberühmten Comicserie von Charles M. Schulz.

Charlie Brown hat viel Pech im Leben, sei es beim Drachensteigen, beim Buchstabierwettbewerb oder beim Baseball. Pech allein würde aber nicht zu seiner Niedergeschlagenheit führen. Dafür braucht es mehr. Seiner kleinen Schwester Sally erklärt er es so: «Wenn du deprimiert bist, ist es ungeheuer wichtig, eine ganz bestimmte Haltung einzunehmen.» Er macht es ihr genau vor, indem er den Kopf und die Schultern weit nach vorne hängen lässt. Dann richtet er sich wieder auf und sagt: «Das Verkehrteste, was du tun kannst, ist, aufrecht und mit erhobenem Kopf dazustehen, weil du dich dann sofort besser fühlst.»

Charlie Brown kennt sich mit Stress aus. Deshalb sollten Sie sich seine Worte rot unterstreichen. Dann können Sie jederzeit nachschlagen, wie man es schafft, richtig deprimiert zu sein.

Zu jedem Gefühl gehört eine bestimmte Körperhaltung. Man kann nicht kraftvoll und energisch durch die Gegend laufen und zugleich deprimiert sein.

Die französische Zeichnerin Claire Bretécher hat ebenfalls eine sehr einprägsame Comicserie geschaffen: **Die Frustrierten**. Ihre Helden sitzen typischerweise kraftlos auf einem Sofa. Sitzen ist eigentlich schon zu viel gesagt. Sie sind ganz weit nach unten gerutscht. Ihr Hintern ist knapp vor oder schon jenseits der Sitzkante, sodass die Frustrierten vollkommen schlaff, wie hingegossen, auf dem Sofa liegen. Alles an ihnen hängt, selbst die Haare fallen ihnen müde ins Gesicht. Auch bei ihnen ist die Weisheit des Charlie Brown am Werk. So wie er Kopf und Schultern im Stehen hängen lässt, lassen **Die Frustrierten** im Sitzen alle Energie aus ihrem Körper entweichen.

Man kann auch andere Emotionen durch die passende Körperhaltung unterstützen. Wenn Sie richtig wütend sein wollen, wäre es das Verkehrteste, sich zu entspannen. Man kann nicht entspannt und ärgerlich zugleich sein. Sie müssen stattdessen die Hände zu Fäusten ballen, die Arme anspannen, die Kiefer zusammenbeißen und die Augen zusammenkneifen. Spannen Sie alles an, was Sie haben, und dann lassen Sie Ihren Ärger raus. Bloß nicht in Zimmerlautstärke sprechen. Laut und erregt müssen Ihre Worte durchs ganze Haus hallen. Das ist Ärger!

Ähnlich ist es bei Angst. Sie können nicht entspannt und ängstlich zugleich sein. Das passt einfach nicht zusammen. Wenn Sie wirklich etwas von Ihrer Angst haben wollen, müssen Sie Ihren Körper praktisch «einfrieren». Orientieren Sie sich an den Worten «lähmendes Entsetzen». Den Atem sollten Sie anhalten oder höchstens ganz flach atmen. «Angst» kommt von «Enge». Engen Sie also Ihren Atem ein. Dann bekommen Sie ein Gefühl, als würden Sie ersticken. Die meisten Menschen machen es unbewusst richtig.

Bei Angst wäre es, wie Charlie Brown sagen würde, das Verkehrteste, langsam und tief auszuatmen. Bloß nicht entspannen! Damit würden Sie sich um den ganzen Spaß bringen.

GANZ VERSPANNT IM HIER UND JETZT

Was Charlie Brown kann, können Sie auch. Lernen Sie bloß nicht, sich zu entspannen. Damit würden Sie Ärger und Angst, aber auch Frustrationen nur erschweren. Instinktiv machen deshalb die meisten Menschen einen großen Bogen um Bücher, CDs oder Kurse, mit deren Hilfe sie Entspannung lernen könnten. Andere sind sich sicher, dass sie bereits wissen, was man zum Relaxen braucht: einen Fernseher, einen Krimi, fünf Weizenbier und die 1-Kilo-Sparpackung Kartoffelchips.

Für ein stressreiches Leben ist richtige Entspannung Gift. Wenn es unbedingt sein muss, gönnen Sie sich 15 Minuten Ruhe am Tag, 15 Minuten nur für sich selbst. Machen Sie sich keine Sorgen. Das wird nichts ändern; denn in den übrigen 1425 Minuten des Tages wird sich der kleine Entspannungseffekt in Luft auflösen. Mit Ihrer 15-Minuten-

Pause können Sie den Vorteil genießen, allen, die es hören wollen, zu verkünden: «Ich entspanne mich jeden Tag, aber es nützt nichts.»

An Ihrer Stelle würde ich aber von vornherein sagen: «Ich habe keine Zeit, mich zu entspannen.» Mit dieser Ausrede sind Sie auf der sicheren Seite; denn wenn Sie behaupten, dass Sie sich entspannen, es Ihnen aber nichts bringe, könnten manche Sie für einen Versager halten. Dass Sie keine Zeit für Entspannung haben, wird dagegen jeder verstehen. Keiner hat Zeit. Die anderen werden Ihnen daher beipflichten: «So geht es mir auch. Ich würde mich auch gerne entspannen. Aber auch mir fehlt einfach die Zeit dafür.»

Sollten ernste Krankheiten oder gar der Tod an Ihre Tür klopfen, weil Sie immer 24 Stunden durchpowern, wenden Sie denselben Trick an. Sagen Sie dem Tod frech ins Gesicht: «Ich habe keine Zeit zum Sterben», und schlagen Sie ihm die Tür vor der Nase zu.

Kennen Sie den Witz, den der amerikanische Komiker George Burns in den letzten Jahren seines Lebens immer wieder machte? «I can't die. I'm booked.» («Ich kann nicht sterben. Ich bin gebucht.») George Burns hatte wirklich keine Zeit zum Sterben, jedenfalls nicht, bevor er 100 Jahre alt war.

Zum Schluss noch ein Tipp für diejenigen, die wider alle Vernunft beschließen, sich regelmäßig zu entspannen: Trennen Sie wenigstens Ihre Entspannung strikt vom Rest des Tages. Ungefähr so: Sie entspannen sich morgens fünf Minuten lang (nicht übertreiben!), bevor Sie das Haus verlassen. Und dann stürzen Sie sich in den Tag. Nehmen Sie das bitte wörtlich. Sobald Sie Ihren heiligen Schrein verlassen haben, vergessen Sie alles, was Sie jemals über Entspannung gelernt haben. Im Alltagskampf müssen Glück und Gelassenheit um jeden Preis abgewehrt werden. Im täglichen Überlebenskampf gilt nur noch: Verkrampfung, Katastrophendenken, Chaos. Abends, nachdem Sie wieder nach Hause zurückgekehrt sind, betreten Sie wieder Ihren heiligen Schrein und gönnen sich noch einmal fünf Minuten Entspannung. Es kommt nicht auf die Dauer an, sondern auf die Qualität. Die Amerikaner nennen diese kostbaren Augenblicke «quality time». Falls Sie so vorgehen, kann Ihnen die Entspannung nicht viel anhaben.

Als Vorbild könnten Sie sich die sogenannten «Trainingsweltmeister» nehmen. Das sind Sportler, die auf ihrem gewohnten Trainingsgelände Bestleistungen erbringen, manchmal sogar Weltrekorde aufstellen. Im Wettkampf können sie diese phantastischen Leistungen, die ihnen beim Training gelingen, aber nicht wiederholen. Übertragen auf das Entspannungstraining bedeutet dies, dass Sie zu Hause beim Üben locker und gelassen sind. Sobald Sie aber Ihr vertrautes Gelände verlassen, verhalten Sie sich so, als ob Sie von Entspannung noch nie etwas gehört hätten.

Wie auch immer Sie es anstellen, das Ziel lautet: Ganz verspannt im Hier und Jetzt.

NO SPORTS

Im Leben hat man immer die Wahl. Die STRESSFORMEL bietet Ihnen deshalb zwei Möglichkeiten, wie Sie Sport mit Stress verbinden können.

Entweder machen Sie überhaupt keinen Sport. Das ist die eleganteste und zugleich müheloseste Form, sich zu quälen. Sie erfordert allerdings etwas Geduld; denn es kann Jahre dauern, bis das bewegungsarme Leben zu Stress führt. Im Idealfall kombinieren Sie den Verzicht auf Bewegung und körperliche Anstrengung mit viel Zucker und Fett in Ihrer Ernährung (dazu gleich mehr unter «Moppel-Ich»). Durch den Mangel an Bewegung verbrennt der Körper weniger Kalorien. Er baut Muskeln ab und lagert dafür Fett an. Das Treppensteigen wird dann irgendwann zur Qual. Kurzatmigkeit ist am Ende Ihr ständiger Begleiter. Schon kleine Anstrengungen treiben Ihnen den Schweiß ins Gesicht. Der einzige Ausweg: noch weniger bewegen. Wozu gibt es denn Rolltreppen, Fahrstühle und Autos? Apropos Fahrstuhl: Kann sein, dass Sie tatsächlich eines Tages im «Fahrstuhl» landen. Aus Rolltreppe und Fahrstuhl wird schließlich der Rollstuhl. Dann haben Sie es geschafft: Sie brauchen sich nie wieder zu bewegen. Freundliche Helfer heben Sie morgens aus dem Bett und abends wieder hinein, falls Sie es nicht überhaupt vorziehen, den ganzen Tag im Bett zu bleiben. Das Leben im Bett zu verbringen ist für viele ein sehr verlockender Traum. Denken Sie mal drüber nach. Für Sie kann dieser Traum ganz zwanglos Wirklichkeit werden, wenn Sie mehr und mehr aufhören, sich zu bewegen.

Von den meisten verlangt diese erste Alternative nichts Übermenschliches, da sie ohnehin alles mit dem Auto erledigen. Wer parkt nicht gerne direkt vor der Tür? So mancher geht extra nochmal raus, um das Auto vors Haus zu stellen, sobald sich die Gelegenheit dazu bietet. Die meisten Autofahrten spielen sich sowieso im Umkreis von wenigen hundert Metern ab. Das beweist, dass die große Mehrheit ihre Wahl bereits getroffen hat: Stress durch Bewegungsarmut.

Für alle anderen bleibt nur intensiver Sport als zweite Möglichkeit übrig, um Bewegung in Stress zu verwandeln. Der größte Vorteil dabei ist, dass Sie nicht Jahre warten müssen, bis die Beschwerden einsetzen. Es kann SOFORT losgehen. Die Auswahl ist riesig. Sie können beispielsweise eine risikoreiche Sportart wählen wie Gleitschirmfliegen, alpines Bergsteigen oder Motorradrennen. Auch Boxen, Snowboarden oder Fußball ist mit Sicherheit eine Empfehlung wert.

Oder wie wäre es mit Marathon? Stellen Sie sich mal bei Kilometer 39,5 auf und beobachten Sie die sich dem Ziel nähernden Läuferinnen und Läufer. So kaputt könnten auch Sie aussehen, wenn Sie sich für diese schöne Sportart entscheiden. Todesfälle während eines Marathonlaufs sind eher selten. Intensive medizinische Betreuung an der Wegstrecke verhindert so manches. Wie ich gehört habe, sterben aber in den Wochen nach einem Marathonlauf noch einige LäuferInnen. Darüber wird im Allgemeinen kaum gesprochen. Im Rahmen der STRESSFORMEL können wir jedoch offen darüber reden, damit Sie auf jeden Fall für sich die richtige Wahl treffen.

Verletzungsanfällig sind fast alle Sportarten. Egal ob Sie vom Pferd fallen, sich beim Fußball die Knie ruinieren oder beim Skilaufen die Knochen brechen: Es ist für jeden etwas dabei. Sprechen Sie mal mit Ihrem Orthopäden. Er wird Ihnen bei Ihrer Entscheidung gerne behilflich sein.

Studien zeigen immer wieder, dass die meisten Amateure, aber auch viele Profis falsch trainieren. Sie neigen dazu, sich zu sehr zu belasten. Der Körper reagiert darauf mit einem Aufschrei. Die MarathonläuferInnen nennen dieses Phänomen das «runner's high». Unter extremer Belastung schüttet der Körper Stoffe aus, die kurzfristig den Schmerz nehmen oder sogar eine Euphorie auslösen können. In Wirklichkeit ist es nur die Alarmreaktion des geschundenen Körpers. Wegen ihres subjektiven Wohlbefindens merken die LäuferInnen – vergleichbar mit Drogensüchtigen – gar nicht, dass ihr Körper vor dem Zusammenbruch steht.

Wann hören die meisten Sportler auf? Wenn sie nicht mehr können, wenn der Körper «alle» ist. Der mögliche Trainingseffekt wird zunichte gemacht, weil der Körper mit den Reparaturarbeiten so sehr beschäftigt ist, dass er gar nicht dazu kommt, eine Reserve aufzubauen. Unter einem schweren Muskelkater machen es richtige SportlerInnen aber nicht. Er gilt nicht als Zeichen des falschen, sondern des richtigen, des einzig wahren Trainings. Schmerz, Stress und Sport bilden eine Art Dreiheiligkeit.

Besonders stressfördernd kann das Laufen in der Gruppe sein. Es zwingt die Teilnehmer dazu, über ihre Grenzen hinauszugehen. Wer will schon der Letzte sein?

Jeder Mensch könnte spazieren gehen oder schwimmen. Beides sind Sportarten, die man ein Leben lang stressfrei und ohne Verletzungen ausüben kann. Der Körper würde sich freuen. Genau aus diesem Grund ist dafür in der STRESSFORMEL kein Platz.

Spazierengehen ist dermaßen out, dass man es schon «walking» nennen muss, um nicht vor Scham im Boden zu versinken. Kaufen Sie sich wenigstens zwei von diesen albernen Stöckchen und nennen Sie es «nordic walking». Das Ganze ist so peinlich, dass die Stresskurve wohltuend nach oben schnellt. Mit ein bisschen Glück verfangen Sie sich mit den Stöckchen in einer Baumwurzel und fallen auf die Nase. Aber eigentlich würde so ein Unfall nicht wirklich zählen. Er wäre völlig untypisch.

Sie könnten es auch mit «nordic swimming» versuchen, wenn Ihnen das gewöhnliche Schwimmen zu langweilig ist. Dabei schnallen Sie sich Ihre Taktstöckchen um die Handgelenke und wühlen durchs Wasser, was das Zeug hält. Das tut schon weh, wenn man bloß dran denkt.

Gehen und Schwimmen kommen jedenfalls nur in Frage, wenn Sie einen Weg finden, die Allianz von Schmerz, Stress und Sport herzustellen.

Genug vom Sport. Wir kommen jetzt vom Hoppel-Ich zum Moppel-Ich.

MOPPEL-ICH

Vielleicht sollten Sie mehr essen. Diesen Ratschlag las ich heute in einer amerikanischen Zeitschrift. Ich möchte ihn sofort an Sie weitergeben. Die USA sind immerhin eines der führenden Länder, was Fettleibigkeit angeht. Wenn man dort also dazu rät, mehr zu essen, sollte jeder diese Empfehlung sehr ernst nehmen.

Durch Übergewicht – je mehr, desto besser – lässt sich eine Menge Stress hervorrufen. Aber der Reihe nach: Warum werden Menschen überhaupt dick?

Hören wir, was Gary Emery, ein amerikanischer Psychologe, dazu sagt. Er hat sich in seiner Doktorarbeit intensiv mit dem Thema beschäftigt. Zunächst sah er Übergewicht als einen Überschuss an Energie an. Dicke würden mehr Kalorien aufnehmen als verbrauchen. Sein Doktorvater, eine Kapazität auf dem Gebiet der Fettleibigkeit, war mit dieser Antwort aber noch nicht zufrieden: «Gary, warum werden Menschen dick? Lies bitte mehr darüber.»

Emery entdeckte in der wissenschaftlichen Literatur

weitere Antworten. Menschen nehmen zu aus biologischen, sozialen, kulturellen, entwicklungs- und umweltbedingten Gründen. Sein Doktorvater war jedoch immer noch unzufrieden mit den Ergebnissen und meinte wieder, sein Doktorand solle weiterforschen.

Also tauchte Emery tiefer und tiefer in die Materie ein: Warum schätzen einige Kulturen dicke Frauen und andere nicht? Warum werden nette Typen wie der Weihnachtsmann als Dicke dargestellt und fiese Charaktere als Dünne? Und so weiter. Er stieß auf zahllose interessante Fragen, die von unterschiedlichen Standpunkten aus vollkommen widersprüchlich beantwortet wurden. Er schrieb alles auf und gab es seinem Doktorvater. Dieser schüttelte nur den Kopf und empfahl dringend weiteres Studium.

Schließlich entdeckte Emery einen Satz des Experten Dr. Garrow: «Das menschliche Essverhalten ist ein sehr komplexes Thema, und die Situation wird zunehmend unklarer.» In diesem Moment beschloss er, jede weitere Lektüre einzustellen. Seine Arbeit war mittlerweile auf 400 Seiten angewachsen. Ohne eine Reaktion seines Doktorvaters abzuwarten, sagte er ihm bei der Übergabe seiner Dissertation, dass er keine Ahnung habe, warum Menschen dick würden, sie seien es eben. Der Professor antwortete daraufhin: «Ich glaube, jetzt sind Sie so weit.»

Gary Emery ist heute überzeugt, dass man sich mit dem Warum einer Situation nicht lange aufhalten sollte. Viel wichtiger sei die Frage, **was** man **tun** könne und wolle.

Dieser Meinung wollen wir uns anschließen. Warum man dick wird, ist egal. Es geht allein um die Frage: Wie wird man dick? Sie ist mit einem Wort zu beantworten: essen. Viel essen, schnell essen, immer essen. Ohne Essen ist es unmöglich, Übergewicht aufzubauen. Essen ist die Conditio sine qua non des Dickwerdens (tut mir leid, dass Sie jetzt Ihr Wörterbuch bemühen müssen).

Bewährte Hilfsmittel sind süße, fette Speisen, und die in großen Mengen. Obst und Gemüse sollten Sie dagegen meiden. Das bringt Sie nicht weiter. Da können Sie essen und essen ohne eine nennenswerte Gewichtszunahme. Sollten Sie es schaffen, allein mit dem Verzehr von Gemüse auf mindestens 100 Kilo Körpergewicht zu kommen, und uns dies zweifelsfrei nachweisen können, dann melden Sie sich bitte beim Verlag. Dort liegt ein signiertes Exemplar der STRESSFORMEL als Prämie für Sie bereit.

So interessant das Warum und Wie auch sein möge, es gibt sogar eine noch spannendere Frage: Hilft einem das Übergewicht denn auch wirklich, mehr Stress zu haben? Lohnt sich der ganze Aufwand am Ende auch? Und ob! Allerdings müssen Sie Disziplin und Ausdauer aufbringen; denn der Stress steigt mit zunehmender Leibesfülle. Es kann Jahre dauern, bis die volle Wirkung einsetzt. Kurzfristig wird das übermäßige Essen fetter und süßer Speisen sogar als lustvoll empfunden. Diese Phase müssen Sie durchstehen. Erst danach wird es richtig unangenehm.

Je umfangreicher Ihre Taille wird, desto mehr Probleme bekommen Sie. Dass Sie auf einem guten Weg sind, merken Sie daran, dass es immer schwerer wird, noch gutaussehende Kleidung zu finden. Ab Größe XXXL müssen Sie allmählich Spezialgeschäfte aufsuchen, um passende Hosen und Kleider zu kaufen. Der Blick in den Spiegel wird Ihnen mit der Zeit zunehmend weniger Freude bereiten. Die Personenwaage verstaubt irgendwann irgendwo, weil es sich sowieso nicht mehr lohnt, sich daraufzustellen. Der Bauch versperrt die Sicht auf die Anzeige.

Ihre Kurzatmigkeit wird den Gebrauch von Rolltreppen und Liften bald zu einer Notwendigkeit machen. Es wird immer schwieriger und anstrengender, die Masse des Körpers zu bewegen. Die Gesetze der Physik fangen an, gegen Sie zu arbeiten. Was auf den Boden fällt, sollten Sie lieber liegen lassen, weil das Bücken zu einem unkalkulierbaren Abenteuer werden könnte.

Nachdem Ihre Ärztin Sie schon seit Jahren damit genervt hat, dass Sie unbedingt abnehmen sollten (soll die sich doch um ihren eigenen Bauch kümmern!), wird sie Ihnen eines Tages mit hoher Wahrscheinlichkeit eine Erkrankung des Kreislauf- und des Verdauungssystems bescheinigen.

Die Liste der durch Übergewicht bedingten Krankheiten ist zu lang, um sie hier wiederzugeben. Diabetes und Herzkrankheiten zählen regelmäßig dazu. Fettleibigkeit begünstigt einige Krebsarten. Fragen Sie Ihren Arzt nach den Einzelheiten.

Nicht nur körperlicher, auch psychischer Stress ist für

Moppel-Ichs eine Selbstverständlichkeit. Man zeigt sich nicht mehr am Strand und trägt lieber dunkle Sachen («Schwarz macht schlank»), weil man sich schämt, so dick zu sein. Die anderen tuscheln oder lachen über Ihren Umfang. Eines Tages werden Sie auf Menschen mit einer guten Figur sehr neidisch sein. Bei solchen Anfeindungen müssen Sie standhaft bleiben und tüchtig weiteressen; denn mit jedem Kilo, das Sie abnähmen, würde sich Ihr Stress in Freude und Wohlgefühl verwandeln.

Auf die eine oder andere Diät brauchen Sie nicht zu verzichten. Auch das Abnehmen bringt wieder Stress mit sich. Mit Gedanken wie «Die Welt ist so ungerecht», «Andere können essen, was sie wollen», «Nur ich muss auf alle Leckereien verzichten» können Sie sich jede Diät zur Qual machen. Dabei übersehen Sie, dass auch Schlanke nicht alles essen können und ihrer Gesundheit zuliebe auf viele leckere Happen verzichten. Aber ignorieren Sie das ruhig weiter. Sonst würden Sie beim Abnehmen nicht so leiden.

Das Wichtigste bei einer Diät ist sowieso, dass Sie anschließend wieder «normal» essen, also so, dass Sie die verlorenen Pfunde bald wieder aufholen. Bringen Sie die Diät so schnell wie möglich hinter sich und holen Sie das Versäumte nach. Sie haben jetzt eine Belohnung verdient. Viele schaffen es, nach einer Diät auf das vorherige Höchstgewicht sogar noch etwas draufzulegen.

Sie dürfen auch relativ unbedenklich Diätratgeber le-

sen. Dabei müssen Sie nur darauf achten, dass die Autor-
Innen selbst unter Übergewicht leiden.

PROST!

Wenn Sie es mit Essen allein nicht schaffen, dick zu werden,
können Sie es auch zusätzlich mit Trinken versuchen. Normalerweise gehen Essen und Trinken sowieso zusammen.
Während Essen Leib und Seele zusammenhält, wie der
Volksmund sagt, löst exzessives Trinken diesen Zusammen-
hang auf. Und Sie wissen, dass ich hier nicht vom Trinken
von 2 Liter Wasser am Tag spreche.

Sollte es Ihnen nur um Gewichtszunahme gehen, reichen kalorienreiche Obstsaftgetränke, Milchshakes oder
Softdrinks. Diese enthalten viel natürlichen Zucker und
schmecken ziemlich lecker. Wieso sollten Sie sich beim Genuss solcher Getränke Hemmungen auferlegen?

Dasselbe gilt im Prinzip für Alkohol. Das Zeug kann allerdings ziemlich in der Kehle brennen. Deshalb sind hoch-
prozentige Stoffe nur empfehlenswert, wenn Sie es eilig
haben mit dem Stress. Alle anderen sollten lieber zu Bier
und Wein greifen. Denn eines steht ja fest: Sie haben es
sich verdient! Den ganzen Tag mussten Sie sich mit den
nervigen KollegInnen herumplagen. Dann noch der Stress
mit den Kindern. Warum sollten Sie sich da am Abend nicht
eine kleine Belohnung gönnen?

Die alte Regel «An einem Tage zwier schadet weder ihm noch ihr» sollten Sie beim Trinken von Wein besser ignorieren. Zwar meinen einige Experten, dass zwei Gläser Wein für Frauen auch schon zu viel seien, aber um sicherzugehen, sollten Sie in jedem Fall mehr als das trinken. Es handelt sich ohnehin um eine unverbindliche Trinkempfehlung von Laien.

Die meisten TrinkerInnen fangen mit wenig an und steigern sich dann langsam auf mindestens eine Flasche Wein oder einen Sechserpack Bier. Die Bierpreise sind erfreulicherweise seit Jahren sehr niedrig. Die Brauereien, die gelegentlich mit Slogans wie «Edel sei das Bier, hilfreich und gut» werben, wissen, was das Getränk ihren treuesten Trinkern bedeutet, und unterstützen das Hilfreiche gerne. Man kann es als eine Art Kultursponsoring verstehen.

Was beim reichlichen Trinken von Alkohol an Stressgewinn drin ist, ist schnell aufgezählt. Rein körperlich gesehen, greift er alle Organe an. Alkohol kann nicht nur die Leber, sondern auch den Magen und den Darm, das Herz, das Hirn und die übrigen Innereien kaputt machen. Er hilft außerdem bei der Gewichtszunahme. Das ist schließlich auch nicht zu verachten.

Beim einen geht es schneller, beim anderen dauert es länger. Darum sind auch in diesem Fall wieder Konsequenz und Ausdauer von großer Wichtigkeit. Psychisch gesehen, setzt Alkohol die Denkfähigkeit herab. Bei einigen wird sich dieser Effekt allerdings kaum bemerkbar machen, weil das Denken sowieso nicht jedermanns Sache ist.

Alkohol geht glücklicherweise nicht nur auf die Leber, sondern auch aufs Leben. Neben der körperlichen und psychischen hat er auch eine soziale Wirkung. Im ökologischen Sinne könnte man von einer ganzheitlichen Droge sprechen.

Der Alkohol zerstört die Beziehungen. Früher oder später geht der Arbeitsplatz verloren, weil der Arbeitgeber kündigt. Das muss aber kein Grund sein, sich mit dem Trinken zurückzuhalten; denn der Arbeitsplatz geht heute sowieso früher oder später verloren.

Es wird behauptet, dass die meisten Ehen zerbrechen, wenn der Partner unter dem Einfluss von Alkohol zunehmend verwahrlost oder gewalttätig wird. Dabei weiß man doch, dass Mann und Frau eh nicht zusammenpassen.

Mag sein, dass die Freunde sich zurückziehen. Das macht aber nichts. Gesellschaft zum Trinken lässt sich immer finden: in der nächsten Eckkneipe und überall, wo es sonst noch lustig ist. Bedenken Sie den Vorteil: Wenn der Job weg ist, können Sie schon vormittags mit dem Trinken anfangen. Und die Frau nörgelt auch nicht mehr.

Wenn Sie es richtig anstellen, überwiegt trotzdem alles in allem der Stress. Ihr Körper wird sich zu gegebener Zeit melden. Der psychische Verfall ist nur eine Frage der Zeit. Und schließlich machen auch Ihre Saufkumpane die Auflösung Ihrer sozialen Beziehungen nicht mehr wett.

Falls Sie mir nicht glauben, besuchen Sie die entsprechenden Abteilungen in den Krankenhäusern.

Dieses Kapitel soll aber nicht enden, ohne das aktuelle Phänomen des sogenannten Komatrinkens wenigstens kurz zu erwähnen. Viele dachten am Anfang: «Himmel, können die jungen Leute jetzt nicht einmal mehr richtig saufen? Gibt es keine geeigneten Vorbilder mehr?» Aber das wäre eine völlig falsche Einschätzung der Situation. Die jungen Leute sind heute einfach viel leistungsorientierter als früher. Sie machen gleich zu Beginn ihres Lebens ihr Recht auf Stress geltend. Dagegen kann man im Grunde genommen nichts sagen. Wo kämen wir sonst hin?

DER GESCHMACK DER FREIHEIT

Vielleicht ist fetthaltiges, süßes Essen nicht Ihr Ding. Und auch das Trinken hat möglicherweise keine Chance, Ihr einziges Hobby zu werden. Wenn Sie sich trotzdem etwas Gutes tun wollen: Zigaretten sind der perfekte Begleiter des schönen Stresses.

Auf den ersten Blick ist es gar nicht so einfach, den Nutzen des Rauchens zu erkennen. Ich kannte mal jemanden, der überzeugt davon war, dass das Rauchen in kleinen Mengen gesundheitsfördernd sein müsse, weil in kleiner Dosis alles für den Menschen gut sei. Ein paar Jahre später musste er sich einer schweren Bypass-Operation unterziehen – trotz der zwei Zigaretten, die er pro Woche rauchte. Sie können sich vorstellen, wie entmutigend es ist, wenn der erste Kronzeuge für den gesundheitlichen Nutzen des Rauchens so schnell ausfällt. Oder hat er unwissentlich zu wenig geraucht? Hätte er seine gesundheitlichen Probleme mit dem Genuss von mindestens einer Schachtel Zigaretten pro Tag rechtzeitig abwenden können? Wir werden es nie erfahren.

Höchstwahrscheinlich hat das Rauchen nur einen einzigen Nutzen: Stress! Da es aber einige Jahre dauert, bis sich die Krebstumore einstellen, ist es wichtig, so früh wie möglich mit dem Rauchen zu beginnen. Wenn Sie sich die Devise «Viel bringt viel» zu eigen machen, werden Sie Ihr Ziel schneller erreichen. Rauchen Sie lieber Kette, anstatt sich den Teer nur in kleinen Mengen zuzuführen.

Vorerst müssen Sie sich damit begnügen, dass Sie mit Ihren Zigaretten vor die Tür gejagt werden. Auf Partys müssen Sie in der Büßerecke, das heißt auf dem Balkon, stehen. Ihre lieben KollegInnen, die sich mit einem Mal als militante NichtraucherInnen outen, machen Ihnen im Büro die Hölle heiß. Ganz zu Unrecht, signalisiert ein überquellender Aschenbecher doch mehr als jeder Aktenstapel: Hier wird gearbeitet, und zwar mit Volldampf!

«Rauchen kann tödlich sein» steht inzwischen auf jeder Zigarettenpackung. Besser wäre es, dort Fotos von Lungentumoren abzubilden. In Studien hat sich gezeigt, dass das den Stress deutlich erhöht.

Falls Ihre Entscheidung bei der Frage, wie Ihr persönlicher Weg zum Stress aussehen soll, auf das Rauchen fällt, entziehen Sie sich bitte den vielen gutgemeinten Ratschlägen, mit dem Rauchen doch endlich aufzuhören. Richten Sie Ihren Blick immer auf das Ziel: Lungenkrebs. Die Phase, in der Sie das Rauchen als Genuss empfinden, geht vorüber. Halten Sie durch.

Die Art Ihrer Karzinome können Sie übrigens bis zu einem gewissen Grad selbst bestimmen. Zigaretten führen eher zu Tumoren in den Atemwegen, während Zigarre und Pfeife auch den Lippen-, Mund- und Kieferbereich einbeziehen. Informieren Sie sich in den einschlägigen medizinischen Lexika. Achten Sie auf die Fotos, damit Sie die richtige Wahl treffen.

Spätestens wenn der Arzt mit der Krebsdiagnose kommt, dürfen Sie endlich mit einer dramatischen Erhöhung Ihres Stresspegels rechnen. Die ganze Zeit dachten Sie, dass Rauchen **Ihnen** nicht schaden wird. Doch plötzlich wird ein (Alb-)Traum wahr.

VORBILD JAPAN

Lassen Sie uns einen kleinen Test machen:
- Sind Sie bereit, 24 Stunden am Tag zu arbeiten?
- Antworten Sie mit dem Namen Ihrer Firma, wenn man Sie nach Ihrem Namen fragt?

Nein? Dann sollten Sie vielleicht mal darüber nachdenken; denn in Japan identifizieren sich viele ArbeitnehmerInnen so stark mit ihrem Unternehmen, dass sie im alltäglichen Umgang seinen Namen angenommen haben.

Auch in Deutschland geht der Trend in diese Richtung. Immer mehr Fußballstadien sind inzwischen nach großen Konzernen benannt, und die Fußballspieler tragen Trikots mit den Namen ihres Sponsors, ebenso wie sich ihre Trainer den Namen ihrer Vertragsfirma auf den Hemdkragen sticken lassen. Da wäre es nur konsequent, auch noch den letzten Schritt zu machen und den Namen des Geldgebers ganz zu übernehmen oder ihn zumindest an den eigenen Namen anzuhängen.

Bereits jetzt tragen wir deutlich sichtbar die Markennamen der Hersteller auf unseren Schuhen, Pullovern und Jacken! Und wir werden dafür nicht bezahlt. Im Gegenteil: Wir müssen die Sachen kaufen. Da darf man von den hochbezahlten Fußballprofis doch wohl erwarten, dass sie die Namen ihrer Sponsoren annehmen. In Interviews sähe das dann so aus: «Herr Klose-Müllersmühle, warum ist es diesmal im Spiel nicht richtig gelaufen?» Oder: «Herr Hitzfeld-Sony, wie erklären Sie sich die Leistungssteigerung Ihrer Spieler?» Oder noch besser: «Wir stehen hier in der Microsoft-Arena und sprechen gleich mit dem Trainer der Wolfsburger, Felix Volkswagen.»

In der DDR hießen die Vereine «Chemie Halle» oder «Lokomotive Leipzig». Warum geht das bei uns nicht? Das müsste doch möglich sein. Soll Bayer Leverkusen etwa auf Dauer die einzige Werkself bleiben?

Einige Universitäten in Deutschland sind auf diesem Gebiet schon viel weiter. Im Rahmen des Kultursponsorings tragen zum Beispiel Bibliotheken jetzt den Namen des Geldgebers. Vorbildlich!

«Sind Sie bereit, 24 Stunden für Ihre Firma zu kämpfen?», fragte ein Pharmakonzern die JapanerInnen in einer Anzeige für ihr Power-Getränk. Sie meinen, rund um die Uhr zu arbeiten, sei zu viel verlangt? Dann haben Sie noch nicht die richtige Einstellung zum Stress. In Japan sind immer mehr Arbeitnehmer bereit, ihr Leben für ihre Firma zu opfern. Sie sterben den Heldentod. «Karoshi» ist der Fachbegriff dafür, was so viel wie «Tod durch Überarbeitung» bedeutet.

Aber nicht jeder, der am Arbeitsplatz stirbt, kann behaupten, ein Held zu sein. Voraussetzung dafür ist, dass der Betroffene vor seinem plötzlichen Tod mindestens 24 Stunden ununterbrochen gearbeitet oder in der Woche zuvor mindestens 16 Stunden täglich für seine Firma geschuftet hat. Hatte er in dieser Woche einen Tag frei, ist er zwar tot, kann die Ehre, sich für seinen Arbeitgeber aufgeopfert zu haben, aber vergessen. Die Anforderungen sind also ziemlich streng, damit es keinen Missbrauch des Heldentods gibt.

Trotz der extrem schwierigen Anforderungen haben es im Jahr 2001 143 Japaner geschafft, als Karoshi-Tote anerkannt zu werden. Eine Schutzorganisation – was soll das denn! – gegen den plötzlichen Heldentod am Arbeitsplatz schätzt aber, dass es tatsächlich 10 000 gewesen seien.

Karoshi, Kamikaze, Harakiri – die Japaner bereichern unsere Sprache immer wieder um einige wesentliche Begriffe. Aber haben wir das Gleiche nicht auch schon mit Wörtern wie «Blitzkrieg» und «Weltschmerz» geschafft? Die japanische Mentalität scheint der unseren nahe zu sein. Umso mehr sollten wir uns bemühen, dass auch der Karoshi in unserem Land zu einer Selbstverständlichkeit wird. Alle Äußerungen der Wirtschaftsorganisationen und Arbeitgeberverbände, dass die Arbeitszeiten in Deutschland unbedingt verlängert werden müssen, sind daher vorbehaltlos zu unterstützen. Wir dürfen nicht – wie es bereits von hohen Politikern beklagt wurde – zu einem «Freizeitpark» verkommen, in dem die Leute 10 Jahre oder länger Rente oder andere «Lohnersatzleistungen» beziehen. Die Lösung aller Rentenprobleme heißt Karoshi: mindestens 16 Stunden am Tag arbeiten, umfallen und auf die Rente verzichten. Das wäre es doch eigentlich!

Die Freigabe der Ladenöffnungszeiten weist bereits in die richtige Richtung. Wenn man jetzt noch die VerkäuferInnen 24 Stunden hintereinander arbeiten ließe, käme man dem japanischen Vorbild schon nahe. Dann müsste man nur noch die KäuferInnen entsprechend motivieren, mindestens 24 Stunden ununterbrochen einzukaufen oder eine Woche lang mindestens 16 Stunden täglich durch die Einkaufszentren zu streifen. Der Werbeslogan hierfür könnte lauten: «Vom Einkaufsparadies direkt in den Himmel!»

PAUSEN SIND NUR WAS FÜR WARMDUSCHER

Experten behaupten allen Ernstes, dass es dem natürlichen Rhythmus des Menschen entspreche, alle zwei Stunden 20 Minuten Pause zu machen. Sie empfehlen, wie in den Mittelmeerländern üblich, eine lange Siesta am Nachmittag einzulegen und einfach irgendwo faul herumzuliegen. Na ja, wieder mal die Experten ...

Der amerikanische Arzt und Wissenschaftler Herbert Benson will herausgefunden haben, dass es nicht nur eine Stress-, sondern auch eine Entspannungsreaktion gebe. Meditiere man täglich zweimal 20 Minuten und auch öfter mal zwischendurch zwei bis drei Minuten, so reiche das aus, um sich den ganzen Stress vom Leibe zu halten. Wozu soll das, bitte schön, gut sein?

Angeblich reagieren Körper und Geist auf solche Meditationspausen sehr positiv. Die Puls- und Atemfrequenz nehme ab, die Gehirnwellen beruhigten sich und der Blutdruck sinke. Na und? Wer will das denn?

Lassen Sie sich von solch pseudowissenschaftlicher Forschung nicht irritieren! Hören Sie nicht auf den Rat, sich jeden Tag regelmäßig zu erholen! Dafür haben Sie gar keine Zeit. Pausen sind doch nur etwas für WarmduscherInnen. Ihr Ziel aber sollte der Karoshi sein. Oder wenn Sie nicht bis zum Äußersten gehen wollen, dann doch zumindest etwas, das knapp darunterliegt, zum Beispiel Herzrhythmusstörungen, Bluthochdruck oder stressbedingte Magen-Darm-Krankheiten.

Lassen Sie sich von niemandem daran hindern, nonstop zu arbeiten. Manche Zeitgenossen haben den Wert eines voll verspannten Lebens noch nicht begriffen und könnten versuchen, Ihnen das Etikett «workaholic» zu verpassen, also Sie als jemanden zu bezeichnen, der süchtig nach Arbeit ist.

Solche Verleumdungen müssen Sie nicht auf sich sitzenlassen. Gehen Sie zum Gegenangriff über und bezichtigen Sie die anderen der sogenannten oder auch Workophobie, der krankhaften Furcht vor Arbeit. Das sitzt!

Die weniger aggressive Strategie bestünde darin, dass Sie den Vorwurf des Workoholimus zurückweisen und sich einfach als workophil bezeichnen. Das heißt, Sie lieben die Arbeit. Das ist alles. Wenn andere Ihre ausgeprägte Liebe zur Arbeit nicht teilen, dann ist das deren Problem. Ein ganz ausgeschlafenes Argument, finden Sie nicht?

Nutzen Sie die neuesten technologischen Errungenschaften, die auch ein Arbeiten zu Hause und im Urlaub möglich machen. Dank Internet, Handy und Blackberry sind Pausen gar nicht mehr notwendig. Einzige lästige Ausnahme: Man muss die Dinger im Flugzeug ausschalten.

DIE GOLDENE REGEL DES RAINER WERNER FASSBINDER

Ein verkannter Held des Karoshi, des Todes durch Überarbeitung, war der Regisseur Rainer Werner Fassbinder (1945 – 1982). Er wurde nur 37 Jahre alt. Schon früh hatte er sich das Ziel gesetzt, mit seinen Filmen die Zahl seiner Lebensjahre zu erreichen. Am Ende kam es umgekehrt: Er schaffte es nicht, mit seinen Lebensjahren die Zahl seiner Filme zu erreichen. Als er starb, hatte er weit mehr als 37 Filme produziert. Sein Arbeitstempo war mörderisch. Fassbinder drehte bis zu sieben Filme pro Jahr. Eines seiner Werke, die Verfilmung des Romans **Berlin Alexanderplatz**, dauert im Kino 15½ Stunden und wird gelegentlich als Marathonveranstaltung aufgeführt. Abgesehen von CineastInnen wurde der Film aber eher verkannt. Man nahm Anstoß an der Ausleuchtung. «Alles so dunkel», stöhnte die Boulevardpresse im Namen der Zuschauer, als die Fernsehfassung im Abendprogramm gesendet wurde.

Hier interessiert uns aber nicht die Filmkunst von Fassbinder. Wir möchten vielmehr seinen Beitrag zur STRESSFORMEL würdigen. «Schlafen kann ich, wenn ich tot bin», sagte er in einem Interview. Mit diesen Worten hat er eine goldene Regel geprägt, die wir uns alle zu eigen machen sollten.

Falls Sie über Ihrem Hauseingang das Motto «Trautes Heim, Glück allein» hängen haben, dann nehmen Sie das ab und ersetzen Sie es durch die Lebensweisheit des Rainer Werner Fassbinder: «Schlafen kann ich, wenn ich tot bin.»

Wussten Sie, dass Thomas Alva Edison, der die Glühbirne und den elektrischen Stuhl erfunden hat, nachts nie mehr als etwa vier Stunden geschlafen hat? Auch Kaiser Napoleon war ein berühmter Kurzschläfer.

Was Sie eigentlich nicht wissen dürfen, ist, dass Edison tagsüber mehrere kurze Nickerchen machte, sodass er auch auf acht Stunden Schlaf kam. Napoleon litt unter Narkolepsie, wie es heißt. Narkolepsie ist eine seltene Schlafstörung. Sie macht sich durch wiederholte, nicht unterdrückbare Schlafanfälle bemerkbar. Napoleon fiel gelegentlich vom Pferd. Seine «Krankheit» erinnert auf verblüffende Weise an den Sekundenschlaf, der völlig übermüdete Autofahrer überfällt.

Wie Sie am Beispiel von Fassbinder, Edison oder Napoleon sehen, ist Schlaf eigentlich vollkommen überflüssig, eine reine Laune der Natur, vielleicht sogar nur eine dumme Angewohnheit, die noch aus den Zeiten der Menschheit stammt, als es kein elektrisches Licht gab und die Leute gezwungenermaßen mit Einbruch der Dämmerung zur Ruhe kommen mussten und bei Sonnenaufgang aufstanden. Dank des berühmten Kurzschläfers und Erfinders der elektrischen Beleuchtung, Thomas Alva Edison, können wir heute die Nacht zum Tag machen. Dadurch hat der Schlaf seine frühere Bedeutung verloren.

Wie wäre es, wenn Sie Ihren Schlaf drastisch reduzierten? Probieren Sie es am besten mal aus. Gehen Sie ein paar Tage lang gar nicht ins Bett oder nur für wenige Stunden. Schon bald werden Sie merken, dass Sie sich noch nie so elend gefühlt haben. Egal was Sie sich tagsüber alles gönnen, nichts wird die Wohltat des nächtlichen Schlafes wettmachen. Das macht nichts. Im Gegenteil: Sie sind der chronischen Überlastung wieder ein Stück näher gekommen.

Fassbinder schläft jetzt, im Jahr 2008, schon 26 Jahre lang. Er wäre heute erst 63 Jahre alt.

DIE **SCHÖNSTEN DENKFEHLER** DER WELT

VORSICHT, DAS GLÜCK LAUERT ÜBERALL

Schon ein Moment der Unaufmerksamkeit kann dazu führen, dass Sie sich entspannen. Ein einziger Gedanke könnte mehr Gelassenheit bringen. Deshalb Vorsicht! Sie müssen alles in Frage stellen, was Entspannung, Glück, Gelassenheit verspricht. Wenn jemand behauptet, Sie könnten ein glückliches Leben führen, zweifeln Sie diese Vorstellung sofort an:

1. Stimmt das? Nein, das ist doch alles Unsinn. Glück ist reiner Zufall.
2. Hilft diese Behauptung mir, mehr Stress in mein Leben zu bringen? Nein, denn wenn ich darüber nachdächte, was mich glücklich macht, könnte dies der Beginn eines besseren Lebens sein. Also weg damit!

Besonders die zweite Frage ist wichtig. Alle Überlegungen, die Sie irgendwie nervös machen, sind Teil Ihrer persönlichen STRESSFORMEL. Je weiter diese Gedanken von der Realität entfernt sind, desto besser.

Ein Beispiel: Sie machen sich Sorgen, indem Sie daran denken, was Ihnen plötzlich zustoßen könnte. Den meisten Menschen fällt die Überlegung leicht. Sie beginnt immer mit der Frage: «Was wäre, wenn ...?» Daran lassen sich wunderbar alle möglichen Katastrophenphantasien knüpfen.

Allerdings darf man die aus der Luft gegriffenen Probleme nicht lösen wollen. «Was wäre, wenn es an meinem nächsten freien Tag regnet? Dann mache ich irgendetwas, wobei mich der Regen nicht stört: den Tag im Bett verbringen, ins Kino gehen oder in einer Einkaufspassage bummeln.» So zu denken wäre grundfalsch. Diese konstruktiven Überlegungen würden Ihnen den ganzen schönen Stress sofort wieder kaputt machen. Deshalb müssen Sie immer auf der Hut sein, dass Sie sich keine glücklichen Gedanken machen. Denken Sie stattdessen so: «Wenn es regnet, ist mein schöner freier Tag komplett versaut.» Dann zählen Sie auf, was Sie bei strömendem Regen alles **nicht** machen können: im Garten sitzen und lesen, mit den Kindern ans Meer fahren oder im Freien Tennis spielen. Lassen Sie sich auch nicht dadurch stören, dass die Wetterprognose günstig ist. Es **könnte** trotzdem wie aus Eimern schütten. Und dann wäre selbstverständlich auch Ihre gute Laune verregnet. Wie denn sonst?

Was Ihnen auf irgendeine Weise gegen Stress helfen könnte, müssen Sie sofort wieder vergessen. Also keine Merkzettel, kein zweiter Blick in ein Anti-Stress-Buch, nichts dazulernen, immer wieder dieselben Fehler machen.

SORGE DICH DOCH – LEBE VERZAGT!

Hatten Sie kürzlich Besuch von einem Versicherungsvertreter? Nicht? Schade, er hätte Ihnen den richtigen Gebrauch der Was-wäre-wenn-Frage beibringen können.

Was könnte nicht alles in Ihrem Leben passieren? Ihr Haus könnte abbrennen, Einbrecher Ihre Wohnung ausräumen. Ein Unfall könnte Sie für immer arbeitsunfähig machen oder gar töten. Sie könnten eine der tausend schlimmen Krankheiten bekommen, die in den Enzyklopädien der Medizin so sorgfältig beschrieben und abgebildet sind. Dies sind nur wenige Beispiele für die zahllosen Risiken, die Sie im Leben ereilen könnten.

Einmal hat mich die Was-wäre-wenn-Frage auch schwer erwischt. Ich las in einem Versicherungsratgeber, wogegen sich der vernünftige Verbraucher absichern sollte. Danach habe ich mich drei Tage lang nicht mehr aus dem Haus gewagt. Ich war fest davon überzeugt, dass ich sämtliche dieser Versicherungen schon bei meiner Geburt hätte abschließen sollen.

Für viele Menschen ist das Wort «Lebensversicherung» eines der schönsten auf dieser Welt, weil es eine so beruhigende Wirkung hat. Man versichert sein Leben! Tolle Sache! In Wirklichkeit ist eine Lebensversicherung leider nur ein ziemlich lausiger Sparvertrag. Das rechnet Ihnen jede Verbraucherzentrale vor. Außerdem tritt die Versicherung erst ein, wenn man selbst abtritt. Eigentlich ist eine Lebensversicherung nämlich eine Todesversicherung. Nur würde sie sich unter diesem Namen nicht so gut verkaufen. Todesversicherung? Nein danke.

Anstelle der Versicherer würde ich Diebstahlsversicherungen unter der Bezeichnung «Eigentumsversicherung» verkaufen. Berufsunfähigkeitsversicherungen wären als «Freizeitversicherungen» bestimmt ein Renner.

Wir wissen alle, dass die oben beispielhaft genannten Fälle eintreten könnten. Aber ist es auch wahrscheinlich, dass das Schlimmste passieren wird? Nein, denn sonst würde keine Versicherung je einen Vertrag mit Ihnen abschließen. Versicherungen funktionieren so, dass alles, was wahrscheinlich passieren wird, von der Versicherung ausgenommen ist. Versicherbar ist nur, was mit großer Wahrscheinlichkeit nicht passieren wird. Versicherungen sind so eine Art Wette. Die Versicherung wettet, dass Ihr Haus nicht abbrennen wird. Sie halten dagegen. Die Versicherung gewinnt und kassiert.

Krankenversicherungen funktionieren nicht so gut, weil die Versicherten die Wette zu oft gewinnen. Aber das nur nebenbei.

Ob und wie Sie sich versichern wollen, ist Ihre Sache. Aber mit der Frage, was alles passieren könnte, sollten Sie sich auf jeden Fall häufig beschäftigen. Es gibt keine andere Frage, die einen so nervös machen kann. Sie darf in keiner STRESSFORMEL fehlen.

Versicherungen werden oft unter dem Stichwort «Vorsorge» besprochen. Man kann aber auch «nachsorgen». Es ist wohl das Verdienst der Mediziner, diesen Begriff in unseren Wortschatz eingeführt zu haben. Anders als Versicherungsvertreter sorgen Ärzte nicht nur vor, sondern auch nach. Mit den Versicherungsvertretern haben sie allerdings gemein, dass sie unser Bewusstsein für die Risiken des Lebens schärfen. Jeder Facharzt hat sein besonderes Vorsorgeprogramm. Die Internistin sorgt hinsichtlich Ihres Magens und Darms vor, der Kardiologe bezüglich Ihres Herzens und die Augenärztin wegen Ihrer Augen. Der Urologe prüft Sie nicht auf Herz, sondern auf Nieren. Die Gynäkologin macht mit den Frauen das, was der Urologe mit den Männern macht. Alle Fachärzte, die ich hier nicht erwähnt habe, mögen mir verzeihen. Ich verbinde damit keine Geringschätzung, was ihre besondere Vorsorge betrifft. Aber ich möchte jetzt endlich auf die Nachsorge zu sprechen kommen.

Nur noch eine kleine abschließende Bemerkung zur Vorsorge: Wenn Ihre Ärzte Sie auf Herz, Nieren und den gesamten Rest getestet und nichts gefunden haben, dann sind sie ihr Geld nicht wert. Ein guter Arzt findet immer etwas. Ihr Körper weist mit Sicherheit irgendeine Auffälligkeit auf, die regelmäßig beobachtet werden sollte. Irgendeine Anomalie, eine kleine Unregelmäßigkeit, eine geringe Abweichung von der Norm muss es auch bei Ihnen geben. Sonst wären Sie nicht normal, was für sich genommen auch schon wieder ein Grund zur Sorge wäre.

Spätestens wenn etwas gefunden und behandelt wurde, setzt die Nachsorge ein. Die Vorsorge geht also im Idealfall nahtlos in die Nachsorge über.

Fehlt da nicht etwas? Genau! Wir brauchen noch die unspezifische Zwischensorge. Sie füllt die Lücke zwischen Vor- und Nachsorge. Solange die Vorsorge noch keinen Befund ergeben hat und die Nachsorge noch zu früh käme, kann man zwischensorgen. Dazu brauchen Sie nicht einmal Ihren Arzt. Beobachten Sie einfach sorgfältig Ihren Körper. Horchen Sie aufmerksam in sich hinein. War da nicht eben etwas? Schlägt das Herz zu heftig? Was bedeutet dieser Juckreiz am rechten Oberarm? Mit diesen Fragen betreten Sie das weite Gebiet der Zwischensorge. Mit ihr können Sie die Zeit zwischen zwei Arztbesuchen füllen. Immer wenn Sie gerade nichts weiter zu tun haben, ist die richtige Zeit für das Zwischensorgen. Sollte Ihre Phantasie allein nicht ausreichen, kaufen Sie sich ein Handbuch zur Selbstdiagnose. Im Pschyrembel finden Sie auch jede Menge Anregungen. Sie werden nie wieder über Langeweile klagen.

DIE EMOTIONEN MÜSSEN RAUS

Im 19. Jahrhundert lag es nahe, sich den Menschen als eine Art Dampfturbine vorzustellen. Es war die Zeit der Industrialisierung. Das Verständnis für die Gesetze der Mechanik war so weit fortgeschritten, dass man eine beachtliche Anzahl raffinierter Maschinen entwickeln konnte. Mit Hilfe von Dampf setzte man Turbinen, Lokomotiven und Hämmer in Bewegung. So kam man endlich auf die Idee, dass wohl auch der Mensch unter Dampf stehe, besonders wenn er wütend war. Bei Überdruck würden zornige Menschen explodieren. Deshalb sei es ratsam, rechtzeitig Dampf abzulassen. Am besten würde die im Körper freigesetzte Energie durch Geschrei und Getrampel entladen. Käme es nicht zur befreienden Explosion, würde die Energie sich aufstauen und die Person von innen zerfressen. Wer seine Wut ständig unterdrücke, bekäme Magengeschwüre und andere böse Leiden.

An dieser Druckkesseltheorie hat sich im Verständnis vieler Menschen bis heute nichts geändert. Die meisten sind überzeugt: Die Gefühle müssen raus! Wenn Sie das ebenfalls glauben, kann ich Sie nur beglückwünschen. Sie haben es nämlich geschafft, alle neueren Erkenntnisse über Magengeschwüre und die Entstehung von Wut und anderen Gefühlen zu ignorieren. Im Sinne der STRESSFORMEL sind Sie auf dem richtigen Weg.

Menschen sind keine Dampfturbinen. Schauen Sie sich einmal eine Querschnittszeichnung von beiden an, und Sie werden die Unterschiede im Aufbau mühelos erkennen. Die Analogie ist ebenso lustig wie unbrauchbar. Nimmt man sie ernst, klemmt wohl irgendetwas im Denkapparat.

Manche Menschen verhalten sich nur wie Dampfturbinen. Doch vom Prinzip her sind wir intelligente Wesen, die Informationen verarbeiten. An dieser Tatsache ändert sich auch dadurch nichts, dass ziemlich viele Tag für Tag versuchen, das Gegenteil zu beweisen.

Was passiert in Wirklichkeit, wenn man sich ständig aufregt und seine Wut regelmäßig herauslässt? Man erhöht nur seine Chancen, einen Herzinfarkt zu bekommen, aber das ist ja auch schon was.

Ist das Leben nicht gemein? Entweder man unterdrückt seine Emotionen und bekommt Magengeschwüre, oder man tobt und kriegt hohen Blutdruck.

Natürlich könnte man sich diesem Dilemma entziehen und lernen, mit seinen Gefühlen besser umzugehen. Nicht die anderen machen uns wütend. Das machen wir schon selbst. Weil jeder für seine Gefühle selbst verantwortlich ist, hat man die Wahl, ob man wütend werden will oder nicht. Und das Beste daran ist ... Aber wir wollen nicht vom Thema abschweifen und uns lieber dem nächsten Dampfkessel zuwenden.

DAS LEBEN ALS KATASTROPHE

Ein heißer Tipp für Stressenthusiasten ist das Katastrophendenken. Dabei produzieren Sie Albträume am helllichten Tag. Sie träumen mit offenen Augen und merken es nicht einmal. Sie könnten sich entschließen aufzuwachen. Dann wäre der Spuk vorbei. Aber wie bei einem Thriller wollen Sie sich von dem Horror nicht abwenden und schwanken zwischen Entsetzen und Faszination.

Katastrophendenken ist kinderleicht. Es geht so: Sie spüren einen leichten Schmerz in der Brust. Je länger Sie darüber nachdenken, desto sicherer sind Sie, dass sich ein Herzinfarkt ankündigt. Auf ihrem Handrücken sehen Sie einen kleinen braunen Fleck. Sie haben keinen Zweifel: Das ist Hautkrebs! Woody Allen hat dieses Denken perfektioniert. Bereits wenn er einen schwarzen Fleck auf seinem Hemd sieht, denkt er, es sei Hautkrebs. Obwohl Sie die Hautkrebsdiagnose sofort in der Notaufnahme eines Krankenhauses bestätigen lassen möchten, hindert Sie ein Gedanke daran: Das Krankenhaus ist voller Mikroben. Sie würden sich infizieren und an einer Mischung aus Aids, Hepatitis C und Hühnerpest sterben.

Ich glaube, Sie haben das Prinzip verstanden. Aus der reinen **Möglichkeit**, dass etwas Schlimmes passieren könnte, machen Sie die durch nichts zu erschütternde **Gewissheit**, dass es tatsächlich geschehen wird. Probieren Sie es gleich selbst einmal aus. (Die richtigen Antworten folgen anschließend.)

1. Es ist Winter. Neben Ihnen niest jemand. Was denken Sie?

2. Ihre Einnahmen sind im Moment schlecht. Was bedeutet das für Sie?

Na, das ging doch schon recht flüssig. Sie haben offenbar schon jahrelange Übung im Katastrophisieren. Zu Ihrer Bestätigung hier die richtigen Antworten:

1. Es ist Winter. Neben Ihnen niest jemand. Sie sind sofort davon überzeugt, dass Sie sich soeben mit der Hongkong-Grippe infiziert zu haben.

2. Ihre Einnahmen sind im Moment schlecht. Sie sind sich sicher: «Das ist der Ruin. Ich werde unter einer Brücke enden. Das Geld für zwei trockene Brötchen am Tag werde ich, auf einem Kamm musizierend, in der Fußgängerzone verdienen müssen.»

Sollte Ihnen zu den vorgegebenen Situationen nichts Schlimmes eingefallen sein, heißt das nicht, dass Sie ein hoffnungsloser Fall sind. Sie müssen einfach mehr trainieren als die anderen, die im Katastrophendenken schon fit sind. Gleich bekommen Sie eine weitere Gelegenheit zum Üben.

Da Ihr Arzt vermutlich ein Meister im Katastrophendenken ist, können Sie ihn um Mithilfe bitten. Als ich einmal Schmerzen im Handgelenk hatte, bestand der Orthopäde darauf, mich zu röntgen. Er meinte, es könne sich um eine seltene Art von Knochenkrebs handeln. Wunderbar, nicht? Das ist Katastrophendenken in Vollendung. Oder wollte er bloß mehr Geld verdienen? Honni soit qui mal y pense. (Behalten Sie bitte Ihr Wörterbuch in der Nähe. Honni hat mit dem früheren Staatsratsvorsitzenden der DDR nichts zu tun.)

So, und jetzt kommt Ihre zweite Chance. Versuchen Sie, sich bei den folgenden Situationen das Schlimmste auszudenken. Die richtigen Lösungen finden Sie am Ende des Kapitels. Aber bitte nicht schummeln. Geben Sie sich ordentlich Mühe beim Ausmalen der größtmöglichen Katastrophen:

1. Sie haben Ihre Schlüssel verlegt. Das bedeutet …

2. Draußen im dunklen Garten knackt ein Zweig. Sie sind sich sicher, dass …

3. Der Flugkapitän sagt: «Auf der rechten Seite können Sie die Alpen sehen.» Was bezweckt er damit?

4. Ausnahmsweise gibt es mal einen schönen, warmen Sommer in Deutschland. Was schließen Sie daraus?

5. Am Heiligabend schneit es. Das heißt …

6. Sie hatten Streit mit Ihrer Frau/Ihrem Mann. Das bedeutet …

7. Ihr Chef kommt stirnrunzelnd ins Büro. Was befürchten Sie sofort?

8. Im Restaurant bekleckern Sie sich mit Spaghetti. Sie denken …

9. Im Bett hat es nicht geklappt. Wovon sind Sie nun überzeugt?

10. Sie sind schon früh am Abend müde. Was ist Ihr erster Gedanke?

11. Ihre Tochter sagt Ihnen klipp und klar, dass sie keine Kinder will, selbst dann nicht, wenn Sie sie enterben. Was bedeutet das für Sie?

12. Konservative Politiker warnen vor einer Islamisierung der Welt. Was machen Sie daraufhin?

Hier sind die Lösungen. Geben Sie sich für jede richtige Antwort drei Punkte:

1. Sie haben Ihre Schlüssel verlegt. **«Mein Gott, jetzt hat es mich auch erwischt: Alzheimer!»**

2. Draußen knackt ein Zweig. **«Der irre Serienmörder ist im Garten.»**

3. Der Flugkapitän sagt: «Auf der rechten Seite können Sie die Alpen sehen.» **Er will Sie ablenken. «Die linke Tragfläche brennt.»**

4. Es ist ein schöner, warmer Sommer. **«Die Klimakatastrophe ist da.»**

5. Am Heiligabend schneit es. **Sie sind sicher: «Das ist der Beginn einer neuen Eiszeit.»**

6. Sie hatten Streit mit Ihrer Frau / Ihrem Mann. **Das bedeutet: Ihre Ehe ist am Ende. Alles ist aus.**

7. Ihr Chef kommt stirnrunzelnd ins Büro. **«Gleich legt er mir die Kündigung auf den Schreibtisch.»**

8. Im Restaurant bekleckern Sie sich mit Spaghetti. **Sie sind sich sicher, dass alle anderen jetzt den ganzen Abend denken: Was macht der Penner denn hier?**

9. Im Bett hat es nicht geklappt. Klarer Fall: **Sie sind impotent. (Ihr Partner/Ihre Partnerin auch.)**

10. Sie sind früh am Abend müde. **Sie fragen sich, ob das chronische Müdigkeitssyndrom Sie erwischt hat.**

11. Ihre Tochter sagt Ihnen klipp und klar, dass sie keine Kinder will. **Das ist für Sie der Beweis: Die Deutschen sterben aus.**
12. Konservative Politiker warnen vor einer Islamisierung der Welt. **Sie kaufen sich schon mal ein Kopftuch.**

Auswertung des Tests:
28 – 36 Punkte: Bravo! Weiter so!
19 – 27 Punkte: Na ja ... Sie sollten mehr üben.
 0 – 18 Punkte: Das Katastrophendenken ist offensichtlich nicht Ihr Ding. Wenden Sie sich einer anderen Stresstechnik zu.

MUSS-TURBATION

Der folgende Denkfehler stellt alle anderen in den Schatten. Er gehört der Klasse «Premium-Qualität» an. Für alle, denen es ernst ist mit einem stressvollen Leben, ist er ein Muss. Und damit sind wir auch schon beim Thema.

Das Wort «müssen» bringt Farbe ins Leben. Es fängt das Drängende, Bedrückende, Atemlose eines rastlosen Lebensstils ein. Vergleichen Sie bitte den Satz «Ich würde mir gern ein neues Auto kaufen» mit diesem: «Bis zum Jahresende muss ich ein neues Auto haben!» Merken Sie den Unterschied? Der erste Satz ist farblos, ohne Kraft, langweilig. Der zweite dagegen enthält bereits eine gewisse

Verzweiflung. Man spürt die Ohnmacht des möglichen Scheiterns und den Schmerz, das Objekt der Begierde noch nicht zu besitzen. Das ist der Stoff, aus dem Stress gemacht ist! Die Essenz des Leidens steckt in dem kleinen Wörtchen «muss». Es steht für Zwang, Druck, Qual, Anspannung. Wer muss, sieht keine Alternative. Mit dieser Einstellung erschließt man sich alles, was man für ein von Glück und Gelassenheit befreites Leben braucht.

Muss-turbation steht in enger Verbindung zur Mutter aller Stressformeln, über die wir zu Beginn sprachen. Die Forderung, ALLES IMMER SOFORT haben zu wollen, bringt einen unbedingten Imperativ zum Ausdruck. «Ich will es sofort» ist gleichbedeutend mit «Ich muss es haben».

Albert Ellis (1913–2007), der Begründer der Rational-Emotiven Verhaltenstherapie, hat mehr als sein halbes Leben versucht, allen Neurotikern, also uns, auszureden, dass wir absolutistische Forderungen an uns, andere und das Leben stellen. Das Universum schuldet niemandem ein zufriedenstellendes Leben. Keiner hat bei seiner Geburt eine Urkunde erhalten mit dem Inhalt: «Wir garantieren dir ein bequemes, sorgenfreies Leben ohne alle Probleme. Du wirst immer und überall höchst glücklich und zufrieden sein. Deine Wünsche werden stets in Erfüllung gehen, ohne dass du dich im Geringsten anstrengen oder eine Menge Geduld aufbringen müsstest.» Solche Aussagen wurden nicht Teil unserer Vereinbarung mit dem Leben. Deshalb ist es zwecklos, Derartiges zu erwarten oder gar zu verlangen.

Ellis war sich schnell darüber im Klaren, dass seine Bemühungen im Großen und Ganzen scheitern würden. Aber es reichte ihm, dass er den einen oder die andere davon überzeugen konnte, wenigstens nicht die ganze Zeit «muss-turbierend», wie er es nannte, durch die Welt zu gehen. Ellis befürwortete Masturbation und alle anderen harmlosen Freuden der Sexualität, aber er lehnte Mussturbation als Lebensprinzip ab.

Die Zielsetzung dieses Buches ist eine andere. Da Muss-Forderungen der direkte und schnelle Weg zum Stress sind, müssen wir sie so oft wie möglich stellen. Ihr tägliches Mantra sollte von nun an sein: «Ich muss, du musst, er muss, sie muss, es muss, wir müssen, ihr müsst, sie müssen.» Oder genauso gut: «Ich sollte, du solltest, er sollte, sie sollte, es sollte, wir sollten, ihr solltet, sie sollten.» Zur Abwechslung kommt in Frage: «Ich darf nicht, du darfst nicht, er darf nicht, sie darf nicht, es darf nicht, wir dürfen nicht, ihr dürft nicht, sie dürfen nicht.»

Sprechen Sie diese Worte jedes Mal mit viel Nachdruck in der Stimme. Also: «Es DARF NICHT sein, dass …», «Ich MUSS doch …», «Sie SOLLTEN …»

Es ist nicht unbedingt notwendig, dass Sie «müssen», «sollen» oder «dürfen nicht» sagen. Bringen Sie Ihre unbedingten Forderungen gerne auch mit anderen Wörtern zum Ausdruck, z.B. «Ich MÖCHTE, dass du …» Solange Sie dies mit entsprechendem Nachdruck sagen, befinden Sie sich immer noch im Bereich des absoluten Imperativs.

Vielleicht fragen Sie sich, weshalb so harmlose Vokabeln wie «müssen», «sollen» oder «nicht dürfen» und alle mit ihnen verwandten Formen so eine enorme Kraft besitzen, um Stress auszulösen? Es liegt an der dahinterstehenden Überzeugung, nur so und nicht anders glücklich werden zu können. «Nur wenn (das und das passiert), kann ich glücklich sein. Darum MUSS (dieses oder jenes so eintreten), wie ich es mir vorstelle.» Im Grunde ist dies ein Denken frei von jeder Phantasie. Wer sich auf einen einzigen Weg zum Glück fixiert, lässt den Reichtum und die Farbigkeit der Welt außer Acht.

Solange man sich mehrere Möglichkeiten vorstellen kann, um glücklich zu werden, ist man nicht darauf angewiesen, dass bestimmte Dinge sich so entwickeln, wie man es gerne möchte. Der Spruch «Andere Mütter haben auch schöne Töchter» könnte einem als Modell dienen. Es gibt immer Alternativen zu dem, was man sich wünscht: Kein Reis im Haus? Dann esse ich eben Nudeln! Kalt und nass draußen? Na und? Dann drehe ich die Heizung voll auf und mache mir einen Tee!

Leider bin ich eben etwas vom Thema abgeschweift. Was ich gerade über viele Wege zum Glücklichsein gesagt habe, müssen Sie ganz schnell wieder vergessen. Prägen Sie sich bitte stattdessen gut ein: Niemals an Alternativen zu Ihren Wünschen denken. Sonst könnte es passieren, dass Sie plötzlich ein glückliches Leben führen, ohne dass Sie es wollen.

VERSUCH ÜBER DEN ORGAS-MUSS

Sex ist so wichtig, dass er ein eigenes Kapitel verdient. Das Thema Muss-turbation müssen wir dabei nicht verlassen. Was wäre Sex ohne Orgas-muss? Dasselbe wie ein Leben ohne Stress: langweilig!

Seit den Anfängen arbeiten Menschen an der STRESS-FORMEL. Im Vordergrund stand immer die Frage: Wie kann man aus Lust Last machen?

Im Laufe der Jahrtausende ist man auf zwei grundlegende Strategien gestoßen, die ich Ihnen hier vorstellen und ans Herz legen möchte.

Die erste basiert auf dem Verbot, dem NICHT DÜRFEN. Danach ist Sex grundsätzlich schlecht und strikt zu meiden. Die Begründungen dafür wechseln von Zeit zu Zeit. Mal wird das Verbot religiös begründet, mal moralisch, mal sachlich. Das kirchliche Modell für den Umgang mit Sex ist die unbefleckte Empfängnis. Denjenigen, die nicht glauben, das hinzubekommen, ist Sex zum Zwecke der befleckten Empfängnis gestattet, aber nur zweimal im Leben. Wer eine etwas größere Familie bevorzugt, darf auch ein paarmal öfter. Aber das war's dann. Sonst kommen Sie in die Hölle, oder Ihr Gehirn wird weich, oder Sie werden von höchster Stelle aus mit einer Geschlechtskrankheit bestraft.

Die zweite Strategie, um Lust in Last zu verwandeln,

hat nicht die Kirche erfunden. Im Gegenteil: Sie ist ein Ausdruck der sexuellen Befreiung und damit die zeitgemäßere, moderne Strategie. Sie stellt das Gebot des MÜSSENS auf. Jeder, der keinen Sex hat oder zu wenig, ist verklemmt, krank oder sonst wie daneben: Was? Sie haben immer nur mit Ihrem Partner Sex? Nur dreimal am Tag? Sie waren noch nie in einem Swingerclub? So wird das nie was! Das halten Sie für guten Sex? Informieren Sie sich! Tun Sie was!

Während die Verbotsfraktion das Dogma der unbefleckten Empfängnis auf ihrer Seite hat, können die anderen mit der Wortlogik punkten. Du bist, was du isst. Erfolg erfolgt. Süchtige haben eine Sehnsucht. Orgas **muss**. Einleuchtend, nicht wahr?

Die Väter der Rechtschreibreform haben bei ihrer Arbeit einen unverzeihlichen Fehler begangen. Die Schreibung von «Orgasmus» hätte an die Aussprache und das allgemeine Verständnis angepasst werden müssen. Keiner sagt Orgas-**mus**. Schließlich hat es nichts mit Mus oder Müsli zu tun. Man sagt Orgas-**muss**. Dies hätte unbedingt berücksichtigt werden müssen. Na, vielleicht beim nächsten Mal.

Der Produzent eines Pornofilms wusste es schon vor Jahrzehnten besser. Ich erinnere mich noch an die leuchtende Kinoreklame «Ritter Orgas muss wieder». Damals war ich noch ein Kind und interessierte mich sehr für Ritter, Sheriffs und Indianer. Zwei Dinge beschäftigten mich deshalb nach dem Lesen des Filmtitels: 1. Was für ein ungewöhnlicher Name für einen Ritter! 2. Was muss Ritter Orgas wieder?

Egal ob Sie sich die Verbots- oder die Gebotsstrategie zu eigen machen, Ihr Ziel sollte es in jedem Fall sein, nie wieder Sex ohne Stress zu haben. Schreiben Sie sich das gefälligst hinter Ihre Löffel!

Sie merken, der Ton ändert sich. Ich möchte Sie damit einstimmen auf die nächste Strophe in unserem Loblied auf den Stress.

JETZT TANZEN ALLE MAL NACH MEINER PFEIFE

Wir lieben es, wenn alles wie am Schnürchen läuft. Der Zug fährt just in dem Moment ein, wo wir den Bahnsteig betreten. Freundliche, kompetente VerkäuferInnen bedienen uns, sobald wir den Laden betreten. Die Bitte um eine Gehaltserhöhung erfüllt der Chef anstandslos. Pünktlich zum Wochenende hellt der Himmel am Freitagmittag auf, und die Sonne scheint durch bis Sonntagabend. Da stellt sich nur noch die Frage: Warum kann das nicht immer so sein?

Wir kennen nämlich auch die gegenteiligen Erfahrungen: lange Warteschlangen, Dauerregenwetter, keine Aussicht auf mehr Geld, unpünktliche Züge. Und das ist weiß Gott nicht alles, was täglich unseren Vorstellungen entgegenlaufen kann.

In dem verzweifelten Bemühen, die Umstände doch noch zu unseren Gunsten zu wenden, verwandeln wir unsere Wünsche in Befehle. Deshalb ist die Forderung, ALLES IMMER SOFORT haben zu MÜSSEN, die Mutter aller Stressformeln.

Das Verlangen nach sofortiger Erfüllung aller unserer Wünsche scheint uns im Blut zu liegen. Niemand muss einem Säugling beibringen, aus Leibeskräften zu schreien, wenn er Hunger hat oder übermüdet ist und nicht weiß, wie er einschlafen soll. Dieses Verhalten führt nicht immer, aber doch oft zum gewünschten Ergebnis. Unsere Eltern eilen mit dem Kartoffel-Möhren-Brei herbei, wiegen uns in ihren Armen und sorgen für angenehme Temperaturen, indem sie uns – je nach Wetter – das Mützchen auf- oder absetzen. Da sich das Schreien und Brüllen in den ersten Monaten des Lebens so gut bewährt hat, setzen es viele in späteren Jahren einfach fort. Ist Ihnen auch schon einmal aufgefallen, dass viel mehr Dreijährige herumlaufen, als man auf den ersten Blick meint? Sehr viele «Erwachsene» können binnen Sekunden zum ungeduldigen, lärmenden Kleinkind mutieren. Der umgekehrte Weg vom quengelnden «Dreijährigen» zurück zum Erwachsenen dauert normalerweise wesentlich länger.

Was Sie seit Ihrem fünften Lebensjahr nicht mehr oder bisher nur unbewusst eingesetzt haben, können Sie von nun an gezielt anwenden. Sie brauchen sich zu diesem Zweck nur auf die Gefühls- und Verstandesebene eines etwa dreijährigen Kindes zu begeben und unbedingte Forderungen an Ihre Umwelt zu stellen. Geben Sie sich kompromisslos und uneinsichtig wie ein trotziges Kind. Als Leitlinie kann Ihnen dabei das Motto dienen: Jetzt tanzen alle mal nach meiner Pfeife!

Spielen Sie sich zu Hause und am Arbeitsplatz ganz ungehemmt als kleiner Diktator auf. Sollten Sie feststellen, dass Sie damit Erfolg haben, können Sie Ihre Einflusssphäre langsam ausdehnen. Möglicherweise haben Sie das Zeug zum Politiker oder gar zum Weltherrscher. Beachten Sie bitte den entsprechenden Literaturhinweis am Ende des Buches.

Ohne die kleinen und großen Diktatoren in den Familien, Schulen, Unternehmen und Regierungen gäbe es viel weniger Stress in der Welt. Diese Menschen leisten Großes auf dem Gebiet des Druckmachens, der Schinderei und des Elends.

Doch was wären Diktatoren ohne ihre Untertanen. Ein kluger Kopf hat gesagt, man könne die Herrscher von ihrem Podest holen, indem man sich von seinen Knien erhebt.

Lassen Sie uns daher das Glas erheben auf alle Mitwirkenden in diesem schönen Spiel, auf die Diktatoren und Diktatorinnen jeden Alters und ihre geduldigen, treu dienenden Untertanen und Untertaninnen!

WAS SIE UNBEDINGT ÜBER NFT
WISSEN SOLLTEN

Die meisten Abkürzungen stehen für etwas, das man auch dann nicht versteht, wenn man die Buchstaben enträtselt hat. So ging es mir jedenfalls mit NLP. NLP heißt Neuro-Linguistisches Programmieren. Aha!

Beschäftigt man sich näher damit, merkt man bald, dass man es mit Genies und Zauberern zu tun hat. Und wenn man sich dann noch länger damit befasst, weiß man, dass alles nur heiße Luft ist und man es bei der Abkürzung hätte bewenden lassen sollen. Alles, was an NLP interessant ist, ist nicht NLP, sondern irgendwo abgekupfert, wobei die Quellen meist ungenannt bleiben. Und was an NLP originär ist, kann man sich schenken. Inzwischen redet auch kaum noch jemand davon. Der Boom ist vorbei. Es war eben eine dieser Psycho-Moden am Ende des 20. Jahrhunderts.

Falls Sie zu den Leuten gehören, die für NLP-Seminare einige tausend Euro ausgegeben haben, um auch ein Genie zu werden und zaubern zu können, werden Ihnen diese Bemerkungen nicht gefallen. Aber greifen Sie einfach in Ihren Zauberkasten. Dort gibt es bestimmt eine Technik, mit der Sie Ihren Ärger in Sekunden wieder auflösen können.

Und was heißt nun NFT? Niedrige Frustrationstoleranz.

Ich sagte ja schon, dass die Auflösung von Abkürzungen häufig enttäuschend ist. Sagen wir es mal so: Wer dauernd jammert: «Ich kann das nicht aushalten», sobald etwas vorübergehend nur ein bisschen unangenehm ist, hat eine niedrige Frustrationstoleranz.

Jeder, der behauptet: «Das ist unerträglich», macht sich und anderen etwas vor, weil er gerade beweist, es doch ertragen zu können. Wer etwas wirklich nicht aushalten kann, kippt einfach nach hinten weg, und das war es dann.

NFT gibt es in verschiedenen Ausführungen. Wenn jemand bei Kleinigkeiten sofort an die Decke geht, ist das auch NFT. Beispiele finden Sie zuhauf im Autoverkehr. Es sind die Leute, die ihre Hände gar nicht mehr von der Hupe herunterkriegen, sich innerlich fürchterlich aufregen, weil sie an einem Zebrastreifen anhalten müssen, oder pausenlos laut fluchend durch die Gegend fahren, weil ihnen alles gegen den Strich geht.

Der Punkt, an dem Sie zu denken beginnen: «Ich kann das nicht mehr aushalten», kennzeichnet Ihre persönliche Frustrationstoleranz. Manche sagen es nie, haben also eine sehr hohe Toleranz. Andere sagen es schon, wenn die ersten Regentropfen fallen.

Den besten Rat, den ich Ihnen geben kann, damit Sie dauernd gestresst sind, besteht darin, dass Sie Ihre Frustrationstoleranz unbedingt senken sollten, falls sie nicht ohnehin schon sehr niedrig ist. Streben Sie eine so niedrige

Frustrationstoleranz wie möglich an. Dass Sie Ihrem Ziel näher kommen, merken Sie daran, dass Sie immer öfter denken oder sagen: «Das ist ja furchtbar», «Warum muss alles so schrecklich sein?», «Ich kann das einfach nicht mehr aushalten.» Danach können Sie – je nach Temperament – anfangen, Geschirr zu zerschlagen oder in Ihr Taschentuch zu heulen.

Unternehmen Sie auf keinen Fall etwas, um Ihre Probleme zu lösen oder die belastende Situation zum Besseren zu wenden. Damit würden Sie alles nur verderben und Ihre Stresstoleranz in fahrlässiger Weise erhöhen.

Vor ein paar Jahren zog ein Kindergarten in unser Haus. Sie wissen, wie sensibel Schriftsteller sind. Bald war ich mit meinen Nerven am Ende und dachte, ich müsste ausziehen. Dann allerdings machte ich ein paar entscheidende Fehler: Ich begann, täglich zu meditieren und mich auch bei dem größten Krach zu entspannen. Außerdem sagte ich mir, dass es Schlimmeres gebe als einen lärmenden Kindergarten. Ich konzentrierte mich auf meine Angelegenheiten und tolerierte die täglich stattfindenden Kindergeburtstage.

Inzwischen schreibe ich diese Zeilen sogar bei offenem Fenster und singe aus vollem Hals den Refrain des Entenliedes mit: «Hu ak, quack quack, hu ak, quack quack», während ich begeistert den Takt mitklatsche.

Auch das Lied gestern war ziemlich interessant. Es ging um die Freuden des Händewaschens. Wenn ich das Radio anschalte, bekomme ich nicht annähernd so nützliche Informationen wie aus unserem Kindergarten.

Gerade war ich aufgestanden und habe am Fenster gelauscht, um noch ein bisschen mehr Text vom Entenlied aufschnappen und Ihnen wenigstens eine Strophe mitteilen zu können. Und wissen Sie, was passierte? Das Lied war zu Ende. Es wurde augenblicklich still. Warum ist das Leben bloß so paradox?

DAS JAMMER-DIPLOM – LEICHTGEMACHT

Früher war alles besser. Im Kapitel «Jetzt tanzen alle mal nach meiner Pfeife» haben wir gerade die schönen Zeiten der Kindheit heraufbeschworen, als man nur zu brüllen brauchte, und schon sprangen die Erwachsenen, um einem alle Wünsche zu erfüllen, damit sie endlich wieder Ruhe bekamen.

Wie nutzlos ist es doch, erwachsen zu werden! Es bedeutet nur, sich selbst um seine Bedürfnisse kümmern zu müssen. Das ist leider so furchtbar anstrengend. Als Erwachsener ist man selbst derjenige, der springen muss. Mist!

Im Grunde genommen hilft da nur eines: Beenden Sie das Erwachsensein! Besser noch: Fangen Sie gar nicht erst damit an, sondern jammern Sie einfach weiter. Suchen Sie sich Leute, denen Sie pausenlos Ihr Leid klagen, die Ihnen vielleicht sogar unter die Arme greifen, so wie Mutti das früher immer gemacht hat. Jedes Jammern enthält den Appell: «Trag mich!»

Bekleckern Sie sich wieder mit Joghurt und finden Sie Leute, die darüber lachen, weil sie Sie so am süßesten finden. Spielen Sie den Hilflosen. Es gibt überall verständnisvolle Menschen, die Ihnen zustimmen werden, dass Sie es wirklich sehr, sehr, sehr schwer haben. Weisen Sie die Hartherzigen ab, die von Ihnen bloß erwarten, dass Sie selbst für sich sorgen.

Jammern können Sie auf verschiedenen Qualifikationsstufen. Für Anfänger empfiehlt es sich, das Stressgebet zu beherzigen: «Möge ich die Gelassenheit haben, Dinge hinzunehmen, die ich ändern könnte, den Mut, Dinge ändern zu wollen, die sich nicht ändern lassen, und die Weisheit, das eine vom anderen zu unterscheiden.»

Das Stressgebet ist selbst für AnfängerInnen leichter zu handhaben als das entsprechende Gelassenheitsgebet («Möge ich die Gelassenheit haben, Dinge hinzunehmen, die ich nicht ändern kann, den Mut, Dinge zu ändern, die ich ändern kann, und die Weisheit, das eine vom anderen zu unterscheiden»). Konsequent angewendet, beschert es täglich viele Gelegenheiten, um zu jammern. Sie teilen damit den Standpunkt der großen Mehrheit der Menschheit, die Dinge beklagt, die unabänderlich sind, und geduldig hinnimmt, was sich leicht ändern ließe.

Sobald Sie die Anfängerstufe gemeistert haben, gehen

Sie einen Schritt weiter: Beklagen Sie, dass in Deutschland so viel gejammert wird. Damit täuschen Sie geschickt an und können anschließend völlig ungehemmt so viel jammern, wie Sie wollen. An der Raffinesse erkennen Sie die Befähigung zum Jammer-Diplom mit Auszeichnung.

Nehmen Sie sich ein Beispiel an den Arbeitgebern, die endlos darüber klagen, dass die Arbeitslosen zu wählerisch seien, für sich selbst aber geltend machen, unter den Millionen Arbeitslosen nicht die passenden Arbeitnehmer für ihre Betriebe finden zu können.

Vorbildlich verhalten sich auch die Neoliberalen, die ständig darüber jammern, dass die von den Kürzungen Betroffenen nicht mit ihnen über den Abbau des Sozialstaats jubeln. Hut ab! Das ist die hohe Kunst des Jammerns!

SO WERDEN SIE ZUR DRAMA-QUEEN

Meine sehr verehrten Herren, in diesem Kapitel verzichte ich allein wegen der besseren Lesbarkeit des Textes darauf, Sie extra zu erwähnen. Fühlen Sie sich bitte immer mitgemeint, wenn hier von Drama-Queen die Rede ist. Es könnte genauso gut Drama-King heißen.

Vielleicht haben Sie schon gemerkt, dass die Denkfehler sich überschneiden und es deshalb zu Wiederholungen kommt. Das liegt in der Natur der Sache. Die meisten Menschen sind nicht besonders originell darin, sich das

Leben zur Hölle zu machen. Mal sagen sie, sie könnten es nicht mehr aushalten, mal, dass alles schrecklich oder furchtbar sei, mal schwelgen sie in Katastrophenphantasien. Das wiederholt sich und wiederholt sich und wiederholt sich.

Falls Ihnen persönlich der ganze Stress inzwischen zum Halse heraushängt, hören Sie doch einfach auf damit. Das wäre aber eigentlich schade; denn dann müssten wir ohne Sie weitermachen. Außerdem würden Sie sich der Chance berauben, eines Tages zur Drama-Queen aufzusteigen.

Im Prinzip gibt es zwei Möglichkeiten, zur Drama-Queen zu werden. Die erste können Sie allein schaffen. Bringen Sie einfach Wörter wie «schrecklich», «furchtbar», «unerträglich», «entsetzlich», «grauenhaft» in jedem Ihrer Sätze unter, so wie in den folgenden Beispielen:

«Ist das Wetter nicht wieder ganz furchtbar heute?» Antwort: «Ja, schrecklich!»

«Ich habe schon den ganzen Tag unerträgliche Kopfschmerzen.»

«Haben Sie schon die Nachrichten gehört? Ganz furchtbar alles.»

«Heute morgen stand in der Zeitung … Ist das nicht entsetzlich?»

«Ich kann meine Arbeit nicht mehr länger aushalten. Es ist einfach grauenhaft.»

Wo Sie auch hinschauen, was Sie auch hören: Es ist alles furchtbar. Täglich wird das Leben auf diese Weise zu einem 24-stündigen Drama. Vermeiden Sie es, über Ihre Dummheiten und die Ihrer Mitmenschen Witze zu reißen. Lachen ist verboten. Dazu ist einfach alles zu entsetzlich.

Woran erkennen Sie, ob Sie bereits eine Drama-Queen sind? Wenn Sie «furchtbar» und alle verwandten Begriffe aus Ihrem Wortschatz streichen, haben Sie nichts mehr zu sagen. Worüber sollten Sie denn sonst sprechen, wenn Ihnen die Welt so «schrecklich» erscheint?

Für die zweite Möglichkeit, zur Drama-Queen zu werden, brauchen Sie einen Partner. Sie suchen sich ganz arglos immer wieder die falschen Männer aus. Als Drama-Queen können Sie natürlich nichts dafür. Sie geraten unbegreiflicherweise jedes Mal an den Falschen. Es passiert eben. Dass sich Ihre Beziehungsdramen wie ein roter Faden durch Ihr Leben ziehen, scheint Ihr Schicksal zu sein (siehe dazu bereits «Warum wir nicht glücklich sein können»).

Um zur Drama-Queen zu werden, müssen Sie nicht unbedingt mehrmals den Partner wechseln. Es genügt, dass Sie sich gleich zu Beginn den falschen aussuchen und dann ein Leben lang an ihm festhalten. Man könnte sogar darüber streiten, ob das nicht ohnehin die effektivere Methode ist, um sich unglücklich zu machen. Letztlich kann die Frage aber offenbleiben. Hauptsache, das Ergebnis stimmt. Und das ist in beiden Fällen dasselbe: Stress.

ALLE AMPELN SCHON WIEDER AUF ROT

Übertreiben Sie kräftig, wenn Ihnen etwas nicht gefällt. Damit reden Sie sich und anderen ein, dass es schlimmer ist als in Wirklichkeit, und fühlen sich gleich noch ein bisschen schlechter. Falls Sie bei der Fahrt zur Arbeit feststellen, dass ungefähr die Hälfte der Ampeln auf Rot steht, sodass Sie Ihr Auto stoppen und ein paar Sekunden warten müssen, wäre Ihr Kommentar «Jede zweite Ampel steht auf Rot» abgrundtief langweilig. Wer das hört, denkt nur: «Ja, und?» Erst wenn Sie kräftig drauflegen und sagen: «Heute morgen standen mal wieder alle Ampeln auf Rot», können Sie mit dem Mitgefühl der anderen rechnen. «Ja, kenne ich. War bei mir gestern auch so. In der Verkehrsbehörde arbeiten nur Idioten.»

Aber selbst wenn Sie Ihre übertriebenen, die Wirklichkeit ins Negative verzerrenden Kommentare anderen nicht mitteilen: Sie hören sie auf jeden Fall. Und das ist das Entscheidende. Durch Ihr inneres Selbstgespräch beeinflussen Sie Ihre Gefühle und Handlungen. Gedanken wie «**Alle** kritisieren mich», «**Überall** sind **die** Menschen unfreundlich zu mir», «**Immer** habe ich Pech» führen dazu, dass Sie sich unglücklich fühlen. Indem Sie die freundlichen Menschen und das Glück, das Sie haben, übersehen, versetzen Sie sich in eine trübe Stimmung. Sie fangen tatsächlich an zu glauben, dass **alle** anderen **immer** und **überall** es besser haben als Sie. Nur Sie haben eine schlechte Kondition, während **alle** anderen fit sind, ohne **irgendetwas** dafür tun zu müssen. Nur Sie müssen sich mit dem Essen einschränken. **Alle** anderen bleiben schlank, ohne auf **die** Leckerbissen verzichten zu müssen.

Sie sehen, dass es gar nicht so schwer ist, sich unglücklich zu machen. Man braucht nur das Negative zu übertreiben, und schon fühlt man sich schlecht. Ausdrücke wie «alle», «überall», «immer», «nirgends», «niemand», «nie» helfen dabei ungemein. Kombinationen sind nicht nur erlaubt, sondern sehr empfehlenswert. «**Alle** sind **immer** gegen mich.» Oder: «**Nie** habe ich bei **irgendetwas** Glück.»

Falls Sie jemand darauf aufmerksam macht, dass Ihre negativen Verallgemeinerungen nicht stimmen, weil es sehr wohl Menschen gibt, die Sie unterstützen, und weil Sie in der Vergangenheit des Öfteren auch Glück hatten, müssen Sie aufpassen. Durch die Erinnerung an glückliche Umstände und schöne Momente könnte Ihre trübe Stimmung ins Wanken geraten. Das verhindern Sie am besten dadurch, dass Sie das Gute in Ihrem Leben herunterspielen. «Ach, das war doch nichts», «Das hatte nichts zu bedeuten», «Das zählt nicht.» Beispiel: «Du hast doch erst im letzten Monat eine Gehaltserhöhung von 100 Euro bekommen.» – «Ach, die paar Kröten.»

Ihre grundsätzliche Einstellung zum Leben muss sein, dass Sie für nichts dankbar sind, weder für Ihre Gesundheit noch für Ihre Ausbildung, Ihren Beruf, Ihre Freunde, Ihre

Partnerin/Ihren Partner, Ihre Erfolge. Denken Sie nur an das, was Sie nicht haben.

Sie sind am Morgen sicher und gesund durch den Berufsverkehr gekommen. «Ja, aber alle Ampeln standen auf Rot.»

EIN BLICK IN DIE ZUKUNFT

Jetzt brauchen Sie ein bisschen Phantasie und einen Eimer mit Farbe. Was für eine Farbe es sein soll? Nun, Schwarz natürlich. Wir wollen in diesem Kapitel die Schwarzmalerei üben. Sollten Sie sich in dieser Disziplin bereits fit genug fühlen, dürfen Sie das Kapitel überspringen. Sie könnten es aber auch als Test betrachten, um festzustellen, ob Ihre Fähigkeiten auf diesem Gebiet wirklich ausreichen. Es wäre doch schade, wenn Sie die Gelegenheit ausließen, eine Meisterin auf diesem Gebiet zu werden. Ihr Nachbar versteht sich ganz sicher darauf, die Zukunft schwarzzumalen. Wollen Sie etwa hinter ihm zurückstehen?

Wie der Stress im Allgemeinen, so steht die Schwarzmalerei in hohem Ansehen. Es gehört mit zum Spiel, dass das fast niemand zugibt. Aber Sie merken es daran, dass besorgte Zeitgenossen einen ständig ermahnen, die rosarote Brille abzunehmen. Sonst würde man die Gegenwart und die Zukunft in angenehmen bunten Farben sehen und sich unverschämt wohl fühlen. Das darf nicht sein!

Sollten Sie also eine bunte Hippiebrille tragen, runter damit! In diesem Buch geht es schließlich nicht um Spaß. Wir beschäftigen uns mit einem ernsten Thema.

«Wie geht es Ihnen?» – «Danke, gut?» Mit dieser Antwort liegen Sie leider völlig daneben. Haben Sie heute noch keine Zeitung gelesen? Klimakatastrophe, steigende Preise für Brot und Milch, die Rente in Gefahr: Reicht das nicht, um Ihnen die Laune zu verderben? «Schlecht» oder besser noch «sehr schlecht» sollten Sie auf die Frage nach Ihrem Befinden sagen. Im äußersten Fall dürfen Sie tonlos «gut» antworten und dazu eine finstere Miene machen.

Sie meinen, Sie hätten im Moment keinen Grund, sich schlecht zu fühlen? Himmel, dann müssen Sie das Buch nochmal von vorn beginnen!! Es gibt immer einen Grund, sich schlecht zu fühlen.

Was, glauben Sie, haben Sie in Zukunft zu erwarten? Nur das Beste? Leider wieder daneben. Zulässige Antworten wären: Nichts, nicht das Geringste, es wird schlechter sein als heute.

Probieren wir es noch einmal: Wie geht es Ihnen? «Schlecht.» Wie sieht Ihre Zukunft aus? «Noch schlechter.» Na bitte. Es geht doch. Die Anfangslektion in Schwarzmalerei haben Sie damit gemeistert.

Schwarzmalerei ist Katastrophendenken in Bezug auf die Zukunft. Wer es ernst meint mit dem Heraufbeschwören von Stress, der muss am Horizont immer schon die nächste dunkle Wolke sehen.

Selbstverständlich gibt es Situationen, die zunächst wirklich finster aussehen. Aber das heißt nicht unbedingt, dass es bis in alle Ewigkeit ebenso schlecht oder gar schlechter weitergehen muss. Um zu diesem negativen Schluss zu kommen, ist es schon notwendig, die Phantasie so einzusetzen, dass sich der Stress noch erhöht. «Es ist im Moment tatsächlich schlimm, und es wird noch viel schlimmer werden.» (Statt: «Aber es wird wieder besser werden.»)

Interpretiert man eine Situation negativ, fühlt man sich schlecht. Deshalb liegt es nahe, noch einen Schritt weiterzugehen und das schlechte Gefühl als Beweis dafür zu nehmen, dass die Situation wirklich negativ ist und in Zukunft noch schlechter werden wird. Im Grunde genommen ein Bauerntrick. Aber trotzdem sehr wirksam. Das Geniale daran ist, dass man sich mit Hilfe seiner negativen Gedanken und Gefühle selbst hereinlegt. Anstatt nach Gegenargumenten zu suchen, überzeugt man sich zum eigenen Schaden davon, dass die Situation hoffnungslos ist. Deshalb gehört dieser Denkfehler zweifellos in die Kategorie der schönsten dieser Welt. Er ist einfach und effizient. Mit der Schwarzmalerei färbt man nicht nur seine Gedanken ein, sondern auch die Gefühle. Diese wiederum überzeugen einen erst so richtig, dass die Zukunft düster sein wird; denn seinen Gefühlen sollte man **immer** vertrauen, nicht wahr?

Was man schwarz einfärben sollte? Einfach alles. Sich selbst, seine Mitmenschen und die ganze Welt. Die Vergangenheit, die Gegenwart und die Zukunft. Es gibt nichts, was vor Ihrem schwarztriefenden Pinsel sicher sein sollte.

Dazu noch ein paar kleine Anregungen:

- Denken Sie schlecht über sich: dass Sie nichts können, nichts haben, nichts sind. Stimmt zwar nicht, erfüllt aber den Zweck. Wissen Sie noch, was der Zweck ist? Richtig: sich schlecht fühlen.
- Denken Sie schlecht über andere, am besten **alle** anderen. Dem Thema widmen wir nachher noch ein eigenes Kapitel.
- [De]nken Sie schlecht über die Welt. Ja, die Welt ist [schl]echt. Sie war schlecht, sie ist schlecht, und sie wird [im]mer sein. Stimmt auch nicht, aber so zu denken: [bri]ngt es.
- [Scheu]en Sie nicht, sich düstere Gedanken über die [Vergang]enheit zu machen, z.B. über Ihre Kindheit, [die Men]schheitsgeschichte, das vorige Jahr. Alles ganz [schlecht, o]der etwa nicht?
- [Die Gegenw]art ist sowieso furchtbar, schrecklich, uner[träglich, da]s wissen Sie schon.
- [Die Zuk]unft? Nichts wird jemals wieder so schön [wie es fri]her einmal war. Vorbei die Freude, dahin [und un]wiederbringlich.
- [Denken Sie, da]ss **alles immer** nur noch schlechter wird. [Immer, imm]er, am schlechtesten. Rechnen Sie nie [mit falsch]en «positiven» Katastrophen: sechs [Richtige im] Lotto, ein Unbekannter vererbt Ihnen sein

Vermögen, Sie treffen die Liebe Ihres Lebens, alles wird gut.

- Ihr letzter Trumpf sollte die Schwarzmalerei über den Tod sein. Sie wissen nicht, wie man negativ über den Tod denkt? Mein Gott, wo leben Sie denn? Dann will ich Ihnen mal auf die Sprünge helfen. Denken Sie einfach, was Ihre Nachbarin denkt, nämlich dass der Tod ihr endgültiges Ende ist, sie durch den Tod vollkommen vernichtet wird, auf sie die Hölle wartet und es kein Entrinnen daraus gibt. Für ihre negativen Annahmen hat sie keine Beweise. Bis auf ihre schlechten Gefühle, und das reicht ihr. Was Ihre Nachbarin kann, können Sie auch!

NUR DAS BESTE IST GUT GENUG FÜR MICH

Perfektionismus ist eine feine Sache, besonders wenn man es auch damit übertreibt. Solange man nach dem Bestmöglichen strebt, ist noch alles in Ordnung. Erst wenn man meint, dass ALLES perfekt sein MUSS, bedeutet das: «Sie haben das große Los gezogen. Gehen Sie über Start und ziehen Sie keine Vorteile ein. Begeben Sie sich sofort in Ihre kleine Privathölle. Frustration, Wut und Sorgen sind Ihnen dort gewiss.»

Die Welt ist nicht vollkommen. Nichts ist perfekt. Und wie die Engländer sagen: «Nobody is perfect.» Sie nicht, ich nicht, alle anderen auch nicht. Oder sollte ich das lieber nicht sagen? Sie sind vielleicht als Einzige perfekt? Mag sein. Probieren Sie diese Überzeugung aus und schauen Sie, wie weit Sie damit ohne Stress kommen. Möglicherweise ist die Welt, in der Sie leben, tatsächlich vollkommen. Noch.

Für Normalsterbliche ist Perfektion, wenn es sie überhaupt gibt, nur ein flüchtiger Moment. Manchmal scheinen sogar ganze Tage perfekt zu sein. Dann entstehen Songs wie «Oh, what a perfect day» (Lou Reed). Das Universum arbeitet sehr geschickt. Wir bekommen einen vollkommenen Moment oder einen perfekten ganzen Tag. Das ist der Köder, dem wir auf den Leim gehen sollen. Sobald die Vollkommenheit dann Risse bekommt, fangen wir an zu seufzen: «Warum kann es nicht immer so sein wie gestern, als alles perfekt war?» Damit kleben wir mit einem Fuß auf dem Leimstreifen der verlockenden, aber trügerischen Vollkommenheit fest. Dann brauchen wir nur noch einen Gedanken weiter zu gehen: «Verdammt noch mal, ab heute gebe ich mich nicht mehr mit dem Mittelmäßigen zufrieden. Von jetzt an ist nur noch das Beste für mich gut genug.» Das Universum lächelt und denkt: «Cool. Große Geste!», und weiß Bescheid; denn nun kleben wir mit beiden Füßen fest auf dem Leimstreifen, auf dem in Großbuchstaben steht: PERFEKTIONISMUS.

Das Universum denkt überhaupt nicht daran, uns alle unsere Wünsche zu erfüllen. Wie sollte es auch? Ihr Vorteil ist möglicherweise mein Nachteil. Also kann das Universum nur entweder Ihren oder meinen Wunsch erfüllen. Normalerweise wird es sich aber aus der Sache heraushalten und uns die Angelegenheit selbst regeln lassen. Das geht immer auch irgendwie, nur eben nicht perfekt. Wir werden einen Kompromiss schließen müssen. Wir werden – leider, leider – Abstriche von unseren großartigen, perfekten Vorstellungen machen müssen.

«NEIN, NIEMALS», rufen Sie jetzt erregt, «ich gebe mich nicht mit faulen Kompromissen zufrieden.» Damit haben Sie sich geoutet. Sie haben die STRESSFORMEL bereits verinnerlicht. Ihre Wahl ist auf den ungesunden Perfektionismus gefallen. Soll mir recht sein. Ich möchte Ihnen sogar helfen, Ihren Perfektionismus noch perfekter zu machen. Manche beschränken sich mit Ihrem übertriebenen Streben nach Vollkommenheit nämlich auf ein einziges Gebiet. Warum bloß? Schauen Sie sich doch erst einmal unverbindlich das große Menü an. Möglicherweise wird Ihr Appetit dann noch größer. Sie könnten Ihren Perfektionismus auf folgende Bereiche erweitern:

- Ihr Haus/Ihre Wohnung. Achten Sie auf makellose Sauberkeit und das ultimative Wohndesign.
- Ihre Umgebung. Alles muss wie am Schnürchen klappen. Es darf niemals einen Stau auf der Autobahn geben, wenn Sie dort fahren. Ihre Mitmenschen müssen alle immer höflich zu Ihnen sein.
- Ihr Körper. Legen Sie Wert auf eine perfekte Figur, ein

perfektes Gesicht, eine perfekte Frisur. Sie müssen die Attraktivste von allen sein.

- Ihre Leistungen. Bemühen Sie sich, alle anderen mit Ihren außergewöhnlichen Leistungen, Ihrem überragenden Talent und Ihrer verblüffenden Intelligenz zu beeindrucken.
- Ihre Familie. Vergöttern Sie Ihren Traumpartner und Ihre hochbegabten Kinder.
- Ihre Gefühle. Erlauben Sie sich niemals eine Schwäche. Schämen Sie sich für Ihre Ängste, Ihren Ärger, Ihre Panikanfälle und Ihre Depressionen. Sie müssen immer glücklich und gelassen sein, pausenlos positiv denken.
- Ihre Erfolge. Geben Sie sich auf keinen Fall mit weniger zufrieden als mit einer Position im internationalen Topmanagement. Sonst bedeutet das, dass Sie ein Versager sind. Sobald Sie die Nummer 1 auf Ihrem Gebiet geworden sind, müssen Sie diese Position unbedingt halten. Sonst sind Sie doch noch ein Versager. Erlauben Sie sich keine Fehler. Niemals.
- Ihre Beziehungen. Suchen Sie die perfekte Partnerin. Sehen Sie niemandem seine Unzulänglichkeiten nach. Halten Sie an der Überzeugung fest, dass Menschen, die sich lieben, nie miteinander streiten sollten.

Fällt Ihnen noch mehr ein? Nur zu. Perfektionieren Sie Ihr gesamtes Leben. Folgen Sie dem Maximumprinzip, wie es ein amerikanischer Erfolgstrainer nennt. Damit meint er den perfekten beruflichen Erfolg, die perfekte Beziehung, die perfekte Familie, immensen Reichtum, herausragende Mitarbeit in der Gemeindeverwaltung, spirituelle Erleuchtung und die perfekte Gesundheit. Sie können es schaffen. Sie müssen nur daran glauben und hart dafür arbeiten.

Ich weiß nicht, was aus diesem Trainer inzwischen geworden ist. Die meisten, die dermaßen auf die Pauke hauen, werden eines Tages mit einem großbusigen Pornostar erwischt. Ihre Familie ist zerrüttet, die Karriere im Eimer, die Kinder sind drogenabhängig, die Gesundheit ist angeschlagen, und die Gemeinde zieht sich zurück. Wenn dann noch ein Insolvenzbetrug hinzukommt, kann der Weg dieser Maximalisten sogar ins Gefängnis führen. Dort planen sie natürlich ihr Comeback; denn sie sind unbesiegbar.

Nehmen Sie sich daran ein Beispiel. Auch Sie können es schaffen. Der Lohn für Ihre grandiose Einstellung wird sein:

- jede Menge Frustration und Ärger
- Stress nicht nur im Beruf, sondern auch im Privatleben
- Probleme beim Aufbau enger Beziehungen
- hohe Empfindlichkeit bei Misserfolgen und Fehlern
- Unfähigkeit im Umgang mit Kritik
- Schwierigkeiten, anspruchsvolle Aufgaben anzufangen bzw. zu beenden.

Für die STRESSFORMEL ist Perfektionismus also perfekt.

SPIEGLEIN, SPIEGLEIN AN DER WAND

Die Königin saß jeden Tag vor dem Spiegel und befragte ihn, ob sie die Schönste im Land sei. Lange Zeit antwortete der Spiegel: «Frau Königin, Ihr seid die Schönste im Land.» Da hatte ihr neidisches Herz Ruhe, so gut ein neidisches Herz Ruhe haben kann, bis sie eines Tages hörte, dass Schneewittchen, ihre Stieftochter, tausendmal schöner sei als sie. Außer sich vor Neid, schmiedete sie Mordpläne.

So weit Grimms Märchen. Sie müssen natürlich nicht bis zum Äußersten gehen, aber möchten Sie nicht auch öfter mal dafür sorgen, dass Sie außer sich vor Neid sind bei dem Gedanken, jemand könnte Ihnen überlegen sein, vor Angst, minderwertig zu sein und vor Wut, dass sich jemand erlaubt, Sie zu übertrumpfen? Nutzen Sie die Spiegel-Technik der bösen Königin!

Millionen Frauen stehen täglich vor dem Spiegel und fragen sich, ob sie die Schönsten sind. Aber auch Sie, meine Herren, machen sich sicher Sorgen, ob Sie attraktiv genug, reich genug, leistungsfähig genug sind. (Denken Sie bitte weiterhin daran, dass Sie in diesem Buch immer mitgemeint sind, wenn von Frauen die Rede ist.)

«Spieglein, Spieglein an der Wand, wer hat das dickste Auto im ganzen Land?» – «Du hast ein dickes Auto, Karl-Heinz, aber das Auto von Dirk ist noch tausendmal dicker als deins.» Teufel auch, was wird Karl-Heinz nun tun? Sein Selbstwertgefühl hat erst einmal einen ziemlichen Knick bekommen. Aber auch Dirks Herz ist nur so ruhig, wie ein neidisches Herz ruhig sein kann. Wird Karl-Heinz ihn eines Tages überflügeln?

Wer ist die Schönste im ganzen Land? Wer ist der Mächtigste? Wer hat das meiste Geld? Fragen über Fragen. Sie alle nagen am Selbstwertgefühl.

Alphamännchen und -weibchen haben es wirklich nicht leicht. Ständig müssen sie aufpassen, ob nicht ein anderer ihnen den Rang streitig macht. Und so befragen sie täglich ihren Spiegel, ihr Bankkonto und andere Indikatoren ihrer eingebildeten Überlegenheit.

Vergleiche nach oben sind ein sicheres Mittel, sich unglücklich zu machen. Vergleiche nach unten funktionieren auch, aber sie bewirken das Gegenteil. «Ich war traurig, weil ich keine Schuhe hatte. Da sah ich einen Mann, der hatte keine Füße.» Selbst wer traurig ist, dass er keine Füße hat, wird viele Menschen finden, denen es schlechter geht. So könnte sich jeder glücklich schätzen mit dem, was er hat. Zugegeben, das Beispiel ist etwas extrem, aber ich möchte Sie dringend davor warnen, Vergleiche anzustellen, die Sie glücklich und zufrieden machen würden.

Für Sie sollte die Spiegel-Technik der bösen Königin das Mittel der Wahl sein. Als Lohn winkt Ihnen ewige Unzufriedenheit.

Und die Moral von der Geschicht'? Stecken Sie sich

eine Kopie von **Schneewittchen** hinter den Spiegel und jammern Sie, dass Sie nicht die Schönste im ganzen Land sind. Und denken Sie an Karl-Heinz.

MORGEN FANGE ICH EIN NEUES LEBEN AN

Jeder hat schwache Momente. Sollte es Ihnen eines Tages passieren, dass Sie denken: «Jetzt habe ich genug von all dem Stress», überstürzen Sie die Dinge nicht. Treffen Sie keine übereilten Entscheidungen und fangen Sie auf keinen Fall an, sofort etwas zu ändern. Sagen Sie stattdessen: «Morgen fange ich ein neues Leben an.»

Am nächsten Tag werden Sie wahrscheinlich feststellen: «Heute ist nicht mein Tag.» Und dann fügen Sie hinzu: «Morgen fange ich ein neues Leben an.» Setzen Sie das so lange fort, bis Sie den Anfall überwunden haben, der Sie beinahe dazu verleitet hätte, ein stressfreies Leben zu beginnen.

Das Aufschieben ist eine Kunst, die jeder beherrschen sollte. Es ist ganz leicht und bewahrt einen davor, unliebsame Aufgaben anzupacken. Die Belohnung stellt sich sofort ein. Man ist erleichtert, dass man sich anstrengende Arbeiten vom Halse geschafft hat, jedenfalls eine Zeit lang. Ein Scheitern ist nicht möglich; denn was man nicht anpackt, kann auch nicht misslingen. Obendrein kann man etwas Angenehmes tun: länger im Bett bleiben, ein Modemagazin lesen oder fernsehen, ein Kännchen Kaffee trinken und in den blauen Himmel gucken.

Zugegeben, das Aufschieben hat auch Nachteile. Die meisten notwendigen Arbeiten lassen sich nicht wirklich umgehen. Sie werden nur immer drängender. Das kann ein schlechtes Gewissen verursachen. Man verpasst günstige Gelegenheiten, die später nicht wiederkommen. Das Aufschieben kann die Gesundheit ebenso ruinieren wie die Beziehungen zu nahestehenden Personen. Manchmal geht die Karriere den Bach herunter oder man findet erst gar nicht den Einstieg in einen Beruf. Sie kennen die Nachteile einerseits aus persönlichen Erfahrungen, andererseits aus den Predigten Ihrer Eltern und den Standpauken Ihrer LehrerInnen. Ihre Berufsausbilder wurden ebenfalls nicht müde, Ihnen ausführlich zu schildern, dass es böse enden würde mit Ihnen. Aber Sie haben all diesen Anfeindungen tapfer und mit gesenktem Haupte widerstanden.

Ihre Eltern, Lehrer und Ausbilder konnten schließlich nicht ahnen, dass Sie an etwas Höherem arbeiteten, nämlich der Entwicklung Ihrer persönlichen STRESSFORMEL. Das Aufschieben ist durch nichts zu ersetzen. Wie sollte man sonst erreichen, dass sich die Aufgaben vor einem türmen? Wie sonst kann man es schaffen, alles, was sich leicht und locker erledigen ließe, nur unter äußerstem Zeitdruck zu bewältigen?

Und außerdem: Was soll man denn tun, wenn man partout keine Lust hat, zu arbeiten und sich anzustrengen? Ist es nicht viel besser, sich vor unangenehmen Pflichten zu drücken? Warum soll man etwas anfangen, wenn es doch ungewiss ist, ob es sich überhaupt lohnt?

Auf die letzten drei Fragen gibt es durchaus brauchbare Antworten, die Ihnen weiterhelfen könnten. Ich bin jedoch in der glücklichen Lage, sie aufschieben zu können. Sie gehören einfach nicht in dieses Buch. Im Moment würde ich Ihnen mit jeder möglichen Antwort nur Stress ersparen. Und das ist nicht die Zielsetzung dieses Buches. Ganz im Gegenteil.

Im Übrigen könnten Sie durch scharfes Nachdenken selbst auf die Lösungen kommen oder sich eines der Bücher besorgen, die es zu diesem Thema bereits gibt. Das wäre zwar anstrengend, möglicherweise aber von Erfolg gekrönt. Aber Sie müssten einen hohen Preis dafür zahlen. Ihr Stress würde sich reduzieren. Daher mein Rat: Schieben Sie auf, was immer Sie wollen, aber niemals das Aufschieben.

DIE HÖLLE, DAS SIND DIE ANDEREN

DER FEIND IN MEINEM BETT

Der Feind ist nicht nur in Ihrem Bett. Er ist überall. Für den Verkäufer ist der Kunde der Feind. Das Verkaufen könnte so viel Spaß machen, wenn es die Kunden nicht gäbe. Für den Lehrer ist der Schüler der Feind. Schule könnte großartig sein, wenn bloß die Schüler nicht wären.

Für den Politiker ist der Wähler der Feind. Ihm muss er sich alle vier Jahre stellen. Jedenfalls im Bund, in den meisten Bundesländern nur alle fünf Jahre. Tendenz: je seltener, desto besser. Die meisten Politiker beschäftigt die Frage: Wie kann man unter den Bedingungen der Demokratie dafür sorgen, dass die Leute so wenig zu sagen haben wie möglich, ohne dass sie es merken?

Auch die Ehe könnte wunderbar sein, wenn da bloß nicht der andere wäre.

Kurzum: Die Hölle, das sind die anderen. Dieser Satz entlastet ungemein. Eine Freundin, die eine Zeit lang auf einem Kreuzfahrtschiff in der Karibik arbeitete, hat mir anvertraut, dass nichts schlimmer sei als andauernder Sonnenschein. Man könne nichts mehr auf das schlechte Wetter schieben. Grauer Himmel und Regen als Grund für die schlechte Laune kämen nicht in Frage. Das sei sehr, sehr hart.

Man sagt, jedes Volk habe die Regierung, die es verdiene. Auch dass zu einem Streit zwei gehörten. Das sind richtig gemeine Sätze. Sie teilen die Verantwortung. Manche sagen einem auch unverblümt, dass man sich den Partner, den Beruf, den Arbeitsplatz doch selbst ausgesucht habe. Sobald man merkt, dass ein anderer einen an die eigene Verantwortung erinnern will, muss man sofort losbrüllen: WOLLEN SIE DAMIT ETWA SAGEN, DASS ICH SELBER SCHULD BIN AN MEINEM STRESS? Wer würde es da noch wagen, auf diese Frage zutreffend mit Ja zu antworten?

Zu diesem Thema gibt es einen Comicstrip mit Donald Duck und Daisy. In den ersten Bildern sieht man nur die Augen von Donald. Darin spiegelt sich Daisy. Sie ist offenbar sehr wütend. Sie schleppt einen Eimer mit Wasser herbei und holt mit diesem zu einem großen Schwung aus. Im letzten Bild sieht man den vor Nässe triefenden Donald mit den Worten: «Bloß weil ich gesagt habe, du seist empfindlich, musstest du mir das doch nicht beweisen.»

Daran denke ich oft, wenn mich jemand erregt fragt, ob ich sagen wolle, er sei selbst Schuld an seinem Leiden. Bloß weil ich jemandem erkläre, dass wir für unsere Gefühle selbst verantwortlich sind, muss mir derjenige nicht beweisen, dass er meine Worte zum Anlass nimmt, sich aufzuregen. Ich murmele dann nur: «Nein, nein, die Hölle, das sind die anderen.»

CRAZY LOVE

Die Bezeichnungen wechseln von Zeit zu Zeit. Früher hieß es: l'amour fou. Aber keine Angst, an der Sache selbst hat sich nichts geändert. Dahinter steckt immer noch der komplette Irrsinn, den manche mit ihrer Vorstellung von Liebe verbinden.

Stress kann man in jedem Bereich haben. Warum nicht in der Liebe? Eigentlich ist Liebe eine Form des Glücks. Wer liebt, ist glücklich. In ihrer ursprünglichen Form taugt die Liebe also nicht als Mittel zum Stress. Deshalb haben alle, die mehr an Stress als an Liebe interessiert sind, das Glück der Liebe in Beziehungsstress verwandelt.

Was heute im Allgemeinen als Liebe gilt, ist eigentlich Gier oder irgendein anderer unangenehmer Geisteszustand. Mein Lieblingswörterbuch, **Wahrig: Wörterbuch der deutschen Sprache**, setzt Liebe mit Gier gleich. Beides wird definiert als «heftiges Verlangen». Wenn Sie möchten, können Sie gerne gierig sein, anstatt zu lieben. Sie haben mein Wörterbuch auf Ihrer Seite.

«Ich bin ihm mit Haut und Haaren verfallen.» – «Ich kann sie nicht loslassen, nicht vergessen.» – «Set me free, why don't you, babe.» – «Love hurts.» – «Du bist alles, was ich habe auf der Welt.» Sie haben auch noch die Regenbogenpresse und die meisten Schlagertexte auf Ihrer Seite.

Sollten Sie sich, was die Gier-Liebe betrifft, noch nicht

ganz fit fühlen, kann Ihnen geholfen werden. Sie kennen die segensreiche Rolle, die das MÜSSEN im Stressgeschehen spielt, bereits aus früheren Kapiteln. Wenden Sie das Gelernte einfach auf die Liebe an. Was dabei herauskommt, ist crazy love.

Sie brauchen sich beispielsweise nur vorzustellen, ohne den anderen nicht leben zu können, und schon sitzen Sie in der Falle. An die Stelle der Liebe ist heftiges Verlangen getreten. Der andere MUSS immer für sie da sein. Sonst können Sie NIE WIEDER glücklich sein.

Ihr Partner DARF Sie NICHT verlassen. Tut er es doch, haben Sie ALLES, was Sie haben auf der Welt, verloren.

Ich MUSS, der andere MUSS, ich DARF NICHT, der andere DARF NICHT, und so weiter, und so weiter. Die Grundmelodie dieses Liedes ist Ihnen bereits vertraut.

Die Endstufe verrückter Liebe haben Paare erreicht, die nicht zusammen leben können, aber auch ohneeinander nicht auskommen. Dahin kommt man nicht so ohne weiteres. Geben Sie sich also ein bisschen Mühe. Dann wird es schon klappen.

Im Kindergarten singen sie übrigens gerade wieder das Entenlied. Aber nochmal stehe ich jetzt nicht auf.

ICH BIN O.K., DU BIST NICHT O.K.

Mit dieser proaktiven Einstellung schaffen Sie es in kürzester Zeit, die Beziehungen in Ihrer engsten Umgebung nachhaltig zu verschlechtern. Zeigen Sie den anderen, was Sie von sich und den anderen halten: von sich sehr viel, von den anderen gar nichts.

Die Technik gehört zu denen, die universell anwendbar sind. Sie können sie am Arbeitsplatz, beim Einkaufen, in der Familie und im Urlaub einsetzen. Im Büro sind Sie diejenige, die behauptet, alles zu wissen, alles zu können, und die Wert darauf legt, ihre KollegInnen in ein schlechtes Licht zu rücken. Ihr Anspruch auf turmhohe Überlegenheit muss sich nicht unbedingt auf echte Kompetenz gründen. Im Gegenteil: Eigentlich ist es noch besser, wenn sie von den meisten Angelegenheiten im Geschäft keine Ahnung haben, Ihrer Chefin und Ihren KollegInnen aber trotzdem deutlich zu verstehen geben, dass Sie die Einzige sind, die wirklich durchblickt. Bald werden Sie merken: Die Hölle, das sind die anderen; denn Ihre KollegInnen werden zurückschießen. Umgekehrt machen Sie mit Ihrer dominanten Art den anderen das Leben schwer. Und so soll es sein. Wozu lebt man sonst?

Ihre Familie wird Sie aufgrund Ihrer arroganten, egozentrischen Art hassen. In den Geschäften suchen die Angestellten das Weite, sobald Sie den Laden betreten.

Scheuen Sie sich nicht, auch im Urlaub, vor allem im Ausland, Ihre Überlegenheit an den Tag zu legen. Je mehr Sie sich einbilden, Sie seien das Gelbe vom Ei, desto schwerer machen Sie es den anderen, Sie zu lieben. Trotzdem, bleiben Sie so, wie Sie sind: anstrengend und unausstehlich.

Nach Ihrem Selbstverständnis sind Sie kein Ausländerhasser. Sie akzeptieren andere so, wie sie sind, unabhängig von ihrer Hautfarbe, ihrer Religion und ihren kulturellen Besonderheiten. Die anderen können ja nichts dafür, dass sie Ausländer sind und eine minderwertige Religion haben. Dass Sie die anderen akzeptieren, bedeutet für Sie nicht, dass Sie alles an denen gutheißen. Warum sollten Sie auch damit hinter dem Berg halten, dass Sie o.k. sind, die Ausländer und Andersgläubigen aber nicht?

Die Einzelheiten zu dieser vortrefflichen Gesinnung können Sie dem Klassiker **Wie man Feinde gewinnt. Die Kunst, sich unbeliebt zu machen und Einfluss zu verlieren** von Gale Darnegie entnehmen. Halten Sie das Buch verkehrt herum und lesen Sie es von rechts nach links.

Der Satz «Ich bin o.k., du bist nicht o.k.», der für Ihre Einstellung zu Ihren Mitmenschen maßgeblich sein sollte, hat zwei Teile. Daraus ergeben sich zwei unterschiedliche Spiele.

Beim ersten konzentrieren Sie sich auf die Aussage «Du bist nicht o.k.». Das ist die zentrale Du-Botschaft. Sprechen Sie nicht von sich («Ich mag es nicht, wenn du dein Geschirr stehenlässt. Bitte stell es weg»), sondern rücken Sie den anderen in den Mittelpunkt («Du lässt JEDES MAL dein Geschirr stehen») und schicken Sie eine passende Charakterisierung hinterher («Du bist ein fauler Sack»). Putzen Sie den anderen gründlich herunter.

Das zweite Spiel legt den Schwerpunkt auf die Aussage «Ich bin o.k.». Das ist die indirekte Methode. Natürlich sind Sie nicht einfach o.k. Das wäre zu wenig. Nein, Sie sind mehr als o.k. Sie sind so was von o.k., dass man es kaum noch aushalten kann.

Den Einstieg in die Ich-bin-o.k.-Variante schaffen Sie, indem Sie jeden Satz mit «ich» beginnen: Ich bin, ich war, ich werde, ich sagte, ich habe, ich machte, ich, ich, ich. Ignorieren Sie, was die anderen sagen oder tun. Es lohnt sich nicht, sie zu beachten; denn Ihre Mitmenschen sind sowieso nicht o.k. Erzählen die anderen Ihnen trotzdem etwas, sagen Sie: «Kenn ich, weiß ich, war ich schon», und dann übernehmen Sie wieder das Gespräch. Noch besser ist es aber, wenn Sie von Anfang an die Gespräche beherrschen. Nach einem etwa zweistündigen Monolog können Sie Ihre ZuhörerInnen endlich einbeziehen: «Jetzt habe ich so viel über mich gesprochen. Wechseln wir doch das Thema. Wie finden Sie mich?»

COMPLICATE® YOUR LIFE

Die Hölle, das sind nicht nur die anderen. Es ist auch das andere. Es sind auch die Umstände. Denken Sie nur an die Tücke des Objekts. Charlie Chaplin konnte damit ganze Slapstick-Komödien drehen. Wir sehen ihn, wie er vor einer Schwingtür steht. Misstrauisch beäugt er die Tür, um ihr schließlich einen Tritt zu geben und zwei Schritte in den Laden zu machen. Zufrieden mit seinem Erfolg, schaut er sich um. Im nächsten Moment erwischt ihn die Schwingtür im Rücken, und er stolpert nach vorn. Die Tücke des Objekts hat wieder einmal zugeschlagen!

Staubsauger, Leitern, Büchsenöffner, Cellophanverpackungen mit Aufreißband, Fahrscheinautomaten: Diese Dinge können ganz schön gemein sein. Im besten Fall stehlen sie einem die Zeit, im schlimmsten machen sie einen fertig.

Gebrauchsanleitungen tragen ihren Teil zu diesem Desaster bei. Sie setzen die Tücke des Objekts mit anderen Mitteln fort: «Legen Sie den Ruck auf die Seiten und drücken Sie auf T5. Kräftig schütteln und Gerät flach abbürsten, bis Anzeige auf 0. Falls ohne Ergebnis, lächelnd wiederholen.»

Nachdem Sie das Cockpit Ihrer Waschmaschine enträtselt haben, brauchen Sie nur noch Ihre Socken und ein Waschmittel dazuzugeben, den Timer zu programmieren, und pünktlich um 2.40 Uhr startet der Waschgang. Sie nutzen so den günstigen Nachtstrom, sparen einen halben Cent und rauben Ihren Nachbarn den Schlaf.

So richtig geht der Stress aber erst dann los, wenn Sie beginnen, Ihr Leben zu vereinfachen. Paradoxerweise ist es kompliziert, das Leben zu vereinfachen, und einfach, es immer komplizierter zu machen. Möglicherweise ist es aber auch so, wie manche Experten meinen. Diese behaupten, dass es einfach sei, sein Leben zu vereinfachen, aber nicht leicht. Ich persönlich neige dazu, dass es leicht ist, aber nicht einfach.

Damit sind wir auch schon beim Zeitmanagement. Dp eor for ‚rodmzrm Rcürtzrm rd fstdzröörm. odz rd erfrt romgsvj mpvj örovjz- Bevor Sie nun glauben, dass Sie eine Brille brauchen oder sich vielleicht doch vorsorglich einem Psychiater vorstellen sollten, möchte ich Ihnen den vorherigen Satz enträtseln. Ich bin beim Schreiben auf der Tastatur meines Computers eine Taste nach rechts gerutscht. Dabei entstehen solche Sätze. Die Tücke des Objekts! Also noch einmal von vorn:

Damit sind wir auch schon beim Zeitmanagement. Mit seiner Hilfe können Sie Ihr Leben ganz gewaltig vereinfachen. Probieren Sie es gleich einmal aus: Nehmen Sie ein großes Blatt Papier und schreiben Sie alles auf, was Sie in den nächsten Tagen erledigen müssen. Sobald Sie Ihre Liste erstellt haben, teilen Sie die Aufgaben in vier Kategorien ein: 1. wichtig und dringend, 2. dringend, aber nicht wichtig, 3. wichtig, aber nicht dringend und 4. nicht wichtig und nicht dringend. Wenn Sie damit fertig sind, überlegen Sie, ob Sie Zeitmanagement 1. einfach und leicht, 2. einfach, aber nicht leicht, 3. leicht, aber nicht einfach oder 4. nicht leicht und nicht einfach finden.

Die vorangegangene Übung ist übrigens absolut seriös. Sie steht in jedem guten Buch über Zeitmanagement. Ich finde aber, dass sie sich auch in der STRESSFORMEL ganz gut macht; denn sie wirkt wie ein Teil des Problems und nicht wie ein Teil der Lösung.

COMPLICATE® FENG SHUI

Ein kompliziertes Leben, das seinen Namen verdient, verlangt nach Enge, nach Beklemmung. Kaufen Sie genug? Gibt es in Ihrer Wohnung noch freie Flächen? Ich war vor einigen Jahren Gast in einer Ferienwohnung an der Nordsee. Danach wusste ich, dass vom Artensterben überhaupt keine Rede sein kann. In der Wohnung herrschte eine wahre Entenplage. Alles in allem haben wir wahrscheinlich über hundert Enten aus Stoff, Keramik, Porzellan und Holz in den Abstellräumen untergebracht. Danach bekamen wir wieder Luft.

Ich habe übrigens nichts gegen Enten. Sie wissen, wie sehr ich das Entenlied liebe!

«Wie stelle ich meine Wohnung am besten zu?» Diese

Frage müssen Sie beim Einkaufen immer vor Augen haben. Vorübergehend können Sie auch Kartons und Kisten auf noch freie Flächen stellen. Aber eine Dauerlösung sollte das nicht werden. In vielen Einrichtungsläden finden Sie Sachen, die einzig und allein dem Zweck dienen, Ihre Wohnräume zuzustellen. Dort sollten Sie sich öfter umschauen.

Falls Sie es sich finanziell leisten können, sollten Sie den Kauf weiterer Automobile in Erwägung ziehen. Ab und zu sieht man noch einen freien Parkplatz in der Stadt. Dort könnten Sie die zusätzlichen Autos unterbringen. Die täglichen Staumeldungen machen zwar Jahr für Jahr Fortschritte, aber nicht in dem Tempo, wie man es von einer autolieben Gesellschaft erwarten darf.

Einkaufen ist das eine, Aufheben das andere. Werfen Sie niemals etwas weg. Sonst nützt Ihnen das ganze Einkaufen nichts. Dann schaffen Sie es nie, Ihre Wohnung so weit zu füllen, dass Sie unter der Enge zu leiden beginnen.

Zum Schluss drei Tipps aus einem Ratgeber, die Ihnen – wenn Sie es denn unbedingt wünschen – helfen sollen, Ihr Leben zu vereinfachen:

1. Kaufen Sie Großpackungen.
2. Pflanzen Sie Ihr Gemüse selbst an.
3. Verkaufen Sie das verdammte Boot.

MAMA IST DA

Eine spannende Komponente des Complicate your Life® ist die moderne Kommunikationstechnik. Noch vor kurzem – erdgeschichtlich gesehen – gab man sich einfach Rauchzeichen. Drei Rauchwolken bedeuteten so viel wie: «In drei Tagen sind wir zurück.» War eine Gruppe von 20 Kriegern aufgebrochen, konnte es leider auch «Wir sind jetzt nur noch drei» bedeuten. Die Botschaft war kontextabhängig. Aber im Prinzip wusste man mit Hilfe der Rauchzeichentechnik relativ schnell Bescheid. Die Verständigung klappte sehr gut in der Ebene. Schwierig wurde es in Gebirgsgegenden. Da hatte sich die Nachricht oft in Luft aufgelöst, bevor sie für die Empfänger sichtbar war. Manchmal kam es zu Missverständnissen, weil man nicht wusste, ob nur der Wald brannte oder ob im Rauch eine Nachricht enthalten war. Deshalb arbeitete man intensiv an einer Verbesserung der Informationstechnik. Der vorläufige Höhepunkt dieser Entwicklung ist das Handy.

Von einer Vereinfachung kann glücklicherweise keine Rede sein. Nachrichten erreichen uns heute per Brief, Telefon, Telefax oder Computer. Tatsächlich ist es noch wesentlich komplizierter, da es innerhalb der Übertragungswege zahlreiche Differenzierungen gibt, bei den Telefonen beispielsweise die Festnetztelefone, die mobilen Festnetztelefone und die Mobiltelefone. Briefe werden durch

Brieftauben (selten), Fahrradboten (selten), die Bundespost und demnächst wohl einige hundert private Zustelldienste übermittelt.

Wozu benutzen Menschen eigentlich die Kommunikationstechnik? In erster Linie für Werbung. Firmen schicken Werbebriefe, lassen durch Call-Center anrufen, senden Spam-Mail und Faxe. So kommt es gelegentlich zu dem entnervten Ausruf: «Ich hab die Faxe dicke!»

Etwas sinnvoller lassen sich IT-Endgeräte so gebrauchen: Man ruft einen Freund per Handy an und teilt ihm auf der Mailbox mit, dass man ihn, sobald man zu Hause ist, per Festnetz anrufen wird. Zwischendurch schickt man ihm mehrere SMS. Die erste lautet: «Stecke im Stau. Kann noch etwas dauern mit dem Anruf.» Die zweite: «Bin in fünf Minuten zu Hause.» Dort überlegt man es sich dann anders. Man schickt ihm lieber eine E-Mail, was eine dritte SMS nach sich zieht: «Schau mal in dein E-Mail-Fach». In der E-Mail steht: «Lass uns lieber morgen telefonieren.»

Telefonate per Handy klingen manchmal auch so wie neulich im Bus der Linie 5: «Hier ist Chris … ich fahre zur Gärtnerstraße. Wo bist du? … zur Gärtnerstraße … Chris … ja, Chris … ich fahre gerade zur Gärtnerstraße … wer ist da? … hier ist Chris … ich fahre zur Gärtnerstraße …»

Falls solche Telefonate überhaupt zustande kommen, liegt der Sinn wohl in dem, was Biologen bei Gänsen und ihren Küken Stimmfühlungslaute nennen. Sie übermitteln vor allem eines: «Ich bin hier. Bist du da?» Möglicherweise werden solche Botschaften in einer Gesellschaft, die einerseits durch Vereinzelung, andererseits durch Informationsmüll geprägt ist, immer wichtiger.

Als ich ein Kind war, kannte jeder in unserer Straße Emil. Emil trug grobe dunkelblaue Arbeitskleidung und eine Schirmmütze. Hinter sich zog er einen Bollerwagen. Das Auffälligste an ihm war jedoch, dass er mit dem freien Arm wild gestikulierte und laut vor sich hin sprach.

In letzter Zeit sehe ich Emil wieder öfter. Er trägt jetzt einen Businessanzug und zur Tarnung ein Headset. Den Bollerwagen hat er gegen einen Geländewagen mit Kuhfänger eingetauscht. Ein bisschen merkwürdig wirkt er immer noch. Aber wer ihn von früher kennt, hat keinen Zweifel: Das ist Emil!

Einen anderen, etwas sonderlichen Menschen, der damals in unserer Gegend lebte, habe ich nie zu Gesicht bekommen. Auch seinen Namen kenne ich nicht. Er fiel dadurch auf, dass er mit schwarzer Farbe an freie Hauswände schrieb: «Überall Sender.» Angesichts des dichten Netzes von Mobilfunkstationen, das wir heute haben, wirkt seine damalige Botschaft fast schon prophetisch.

Berüchtigt für ihren Datenmüll waren in der Frühzeit der modernen Kommunikationstechnik die CB-Funker, jedenfalls behaupten das die Leute, die einen Einblick in diese Szene hatten. Deshalb überraschen mich die Handy-Telefonate, an denen mich meine Mitmenschen in der

Öffentlichkeit teilnehmen lassen, nicht wirklich. Der CB-Funker von damals hat sein Haus verlassen. Er ist heute überall.

Die Telekommunikationsgeräte werden immer intelligenter.

FAST **AM ENDE**

DIE ZEHN GEBOTE

Was die Richtlinien angeht, die Sie einhalten müssen, damit Sie immer ordentlich Stress haben, so läuft es auf eine einzige hinaus, und die steht im nächsten Kapitel.

Die Gebote, über die ich hier sprechen will, stehen in der Bibel. Es sind zehn. Wenn man sie liest, hat man eine präzise Schilderung der Ereignisse in den letzten zweitausend Jahren: Mord und Totschlag, Raub und Diebstahl, Ehebruch, Lügen und so weiter. Selbst das Heiligen des Feiertags gelingt nicht mehr zuverlässig.

Normalerweise beschreiben Gebote einfach den Ist-Zustand und verbinden damit die Aufforderung, so auf keinen Fall weiterzumachen. Das Problem ist nur, dass sich nicht alle daran halten. Im 20. Jahrhundert haben sogar so viele die christlichen Gebote ignoriert, dass es zu zwei verheerenden Weltkriegen sowie hunderten weiterer Kriegen und Völkermorden gekommen ist. Dabei verloren 160 Millionen Menschen ihr Leben. Das ist schon eine Zahl, die sich sehen lassen kann!

Besonders bemerkenswert scheint mir, dass nicht einmal die Christen selbst besonders bibeltreu sind. Sie haben den einen oder anderen Kreuzzug unternommen (das Thema ist in diesen Tagen gerade wieder brandaktuell!), waren eifrig in die Weltkriege verwickelt und knallen – wie in den

USA des Öfteren geschehen – im Namen des HERRN Abtreibungsärzte ab, weil sie das **ungeborene** Leben schützen wollen. Im Eifer des Gefechts gerät ihnen der Schutz des **geborenen** Lebens zu kurz. Wenn das nicht absurd ist!

Leider handelt es sich bei den christlichen Missetaten nicht um Einzelfälle; denn ein fleißiger und kenntnisreicher Autor, Karl-Heinz Deschner, bringt es mit seiner **Kriminalgeschichte des Christentums** mühelos auf zehn umfangreiche Bände. Die Geschichte der Verbrechen, die Christen begangen haben, reicht von den Anfängen bis in die Gegenwart. Sie weist also eine beunruhigende Kontinuität auf.

Um die weltlichen Gebote ist es nicht besser bestellt. Die staatlichen Gesetze werden ebenso regelmäßig übertreten wie die göttlichen. Nehmen wir als Beispiel das Grundgesetz. Es beschreibt indirekt, was in den Jahren vor 1945 in Deutschland geschehen ist: Mord und Totschlag, Zwangsarbeit, Entwürdigung von Menschen, Verletzung der Privatsphäre, Missachtung der Meinungsfreiheit, Willkürjustiz, Diktatur. Das Eigentum verpflichtete zu nichts, es sei denn zur Bekämpfung der Demokratie.

Der Neuanfang nach dem Ende des Zweiten Weltkriegs begann mit neuen Geboten und Verboten, die den Kern unserer heutigen Verfassung bilden. Mir persönlich wäre es lieber, wir hätten eine vorbildliche Vergangenheit und ein miserables Grundgesetz. Leider ist es umgekehrt. Die letzte Diktatur endete in Deutschland erst 1989.

Falls die aktuelle Verfassung eines Tages auch wieder scheitern sollte, werden die kommenden Gebote und Verbote noch umfangreicher und noch besser formuliert sein. Sollte die Umwelt vor die Hunde gehen, wird der Umweltschutz in der nächsten Verfassung wie ein Juwel funkeln. Falls die Habgier der Reichen den Staat ruiniert, wird die Sozialbindung des Eigentums einen hohen Stellenwert bekommen. Aber, wie gesagt, ich lege keinen Wert auf immer bessere Gebote und Verbote.

So viele Menschen haben eindrucksvoll bewiesen, dass sie nicht im Traum daran denken, diejenigen Gebote einzuhalten, die nach biblischer Überlieferung von Gott selbst stammen. Wer bin ich dagegen? Wie könnte ich Ihnen vorschreiben, dass Sie sich keinen Stress mehr machen sollen? Ich glaub nicht eine Sekunde lang, dass Sie sich an die STRESSFORMEL halten werden, sondern vermute, dass Sie einfach tun werden, was Sie wollen. Ich würde mir von Ihnen übrigens auch nichts vorschreiben lassen. Nur damit Sie Bescheid wissen!

WAR'S DAS?

In diesem Buch steht nichts, was Sie nicht schon wissen und beherzigen. Daher beschränkt sich mein Rat zum Schluss auf einen einzigen Satz:

Machen Sie einfach weiter wie bisher.

Falls Sie einmal nicht wissen, wie Sie noch mehr schönen Stress in Ihr Leben bringen können, nehmen Sie sich ein Beispiel an Ihren FreundInnen, NachbarInnen und KolleginnInnen.

Vielleicht interessiert es Sie, wovon ich mich beim Schreiben dieses Buches habe leiten lassen. Die Tipps der STRESSFORMEL ähneln einer alten Kinowerbung zur Unfallverhütung: Man sah, wie jemand auf einen Tisch eine Kiste und auf die Kiste einen Stuhl stellte, um dann daraufzusteigen, anstatt eine sichere Leiter zu benutzen. Danach hörte man nur noch den Lärm dieses zusammenstürzenden Turms, während ein Leichenbestatter ins Bild trat, auf einen Sarg klopfte und sagte: «Machen Sie ruhig weiter so; **denn bei mir liegen Sie richtig!**»

Wer der STRESSFORMEL folgt, liegt in gewisser Weise auch richtig.

Eine Kritik, die ich mir zu diesem Buch wünschen würde, wäre: «Das Lesen dieses Buches war der reinste Stress.» Oder: «Was habe ich mich geärgert!»

Falls es Ihnen gefallen hat, habe ich wohl irgendetwas falsch gemacht. Aber vielleicht haben Sie sich zu früh gefreut; denn die Fortsetzung folgt. Lesen Sie in Kürze:

DIE STRESSFORMEL II

DAS GRAUEN KEHRT ZURÜCK

Im zweiten Teil der STRESSFORMEL stehen die neuesten, aufregendsten, adrenalinträchtigsten Tipps und Tricks aus Forschung und Wissenschaft zum Thema Stress.

Nur beim Buchhändler Ihres Vertrauens!

Das mit dem zweiten Teil klappt aber nur, wenn Sie diesen ersten Teil mindestens 10-mal verschenken, am besten an Ihre engsten Feinde und Verwandten. Ich habe mit dem Verlag nämlich eine Vereinbarung getroffen, dass wir die STRESSFORMEL nur dann fortsetzen, wenn sie sich mindestens 1 000 000-mal – in Worten: eine Million Mal – verkauft. Also strengen Sie sich bitte ein bisschen an.

Bis Sie Teil II der STRESSFORMEL in Händen halten können, müssen Sie leider auf meine anderen Bücher und die meiner Kollegen zurückgreifen.

DAS ALLERLETZTE

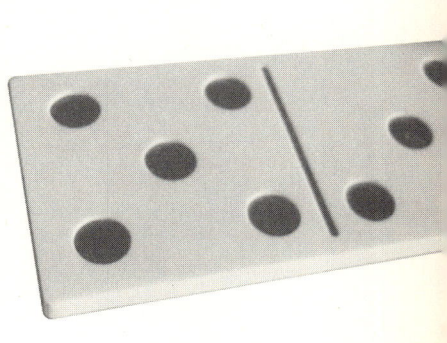

NOCH MEHR STRESS

1. EMPFEHLENSWERTE BÜCHER

Watzlawick, Paul: Anleitung zum Unglücklichsein. München 1983
Watzlawick hat in 14 Kapiteln die wesentlichen Strategien zusammengetragen, mit denen man sich unglücklich machen kann. Ein Klassiker! Lesenswert auch die pädagogisch wertvolle Vorbemerkung des Verlags.

Greenburg, Dan: Die Kunst, sich schlecht zu fühlen. Frankfurt am Main 2004
Watzlawicks Vorbild. Originaltitel: «How to make yourself miserable for the rest of the century». Für meinen Geschmack lustiger als Watzlawick und eine ergiebige Quelle für fortgeschrittene Stresssüchtige. Der Schwerpunkt liegt auf Angst und Schuld. Leider nur noch antiquarisch erhältlich.

Hargens, Jürgen: Bitte nicht helfen! Es ist schon schwer genug. Heidelberg 2006
Der Titel spricht für sich!

Freeman, Arthur; DeWolf, Rose: Die 10 dümmsten Fehler kluger Leute. Wie man klassischen Denkfehlern entgeht.

Der Untertitel führt natürlich zu einem Punktabzug. Ansonsten eine schöne Zusammenstellung, wie man sich durch dumme Gedanken das Leben schwermacht.

Guillaume, André de: Weltherrschaft für Anfänger. Das Handbuch für angehende Diktatoren. Bergisch Gladbach 2007

Falls Sie merken, dass Sie nicht nur das Zeug zu einem kleinen Diktator haben (das unterscheidet Sie noch nicht wesentlich vom Rest der Menschheit), sondern die Berufung zu Höherem in sich spüren, könnte dieses Buch für Sie zu einem wichtigen Wegweiser werden.

Pearsall, Paul: Denken Sie negativ. Unterdrücken Sie Ihren Ärger und geben Sie anderen die Schuld. Heidelberg 2005

Pearsall bricht eine Lanze für alle, die bei psychologischen Selbsthilfebüchern die Krätze kriegen. In seinem heiligen Zorn rechnet er mit der gesamten humanistischen Psychotherapie ab. Pearsall wirft den Ratgeberautoren allen Ernstes vor, dass «die Amerikaner immer noch fett, unglücklich und liebeskrank» sind. Getreu seinem Buchtitel gibt er ihnen die Schuld an dem ganzen Elend.

Pearsalls Logik ist bestechend. Sie entspricht dem Muster: Wenn es keine Feuerwehr gäbe, würden auch keine

Häuser abbrennen. Es gibt so viele Ärzte. Trotzdem werden immer noch Menschen krank. Das kann nur bedeuten: Die Medizin ist wertlos.

Leider verrät Pearsall auf Seite 136, dass er zu ungerechtem Zorn neigt und anfängt zu reden, bevor er weiß, worum es geht. Das nimmt dem Buch viel von seinem Charme.

Im Original heißt das Buch «The last self-help book you'll ever need». Ob es das letzte Ratgeberbuch sein wird, das man braucht, weiß ich nicht, aber bestimmt das letzte von Paul Pearsall. Trotzdem: Für die ganz schweren Fälle ein Geheimtipp!

2. BÜCHER, UM DIE SIE EINEN GROSSEN BOGEN MACHEN SOLLTEN

Ellis, Albert: Training der Gefühle. Wie Sie sich hartnäckig weigern, unglücklich zu sein. Heidelberg 2006
Das Buch heißt im Original: «How to stubbornly refuse to make yourself miserable about anything – yes, anything!» Es bezieht also eine klare Gegenposition zu Dan Greenburg.

Albert Ellis hatte einen vielversprechenden Start. Von 100 Frauen, die er um ein Date bat, lehnten 99 ab, und die eine, die zugesagt hatte, kam nicht zum verabredeten Treffen. Danach überlegte er, ob die amerikanischen Frauen die

Absicht hätten, die amerikanischen Männer impotent zu machen. Er spielte kurz mit dem Gedanken, es lieber mit einem Mann zu versuchen.

Leider hat er stattdessen die Rational-Emotive Verhaltenstherapie entwickelt und sein Stressniveau mit ihrer Hilfe erfolgreich gesenkt. Mit den Frauen hat es auch noch geklappt. Er war bald zweimal geschieden, hat unter anderem als Sex- und Eheberater gearbeitet und erst mit 90 Jahren wieder geheiratet.

Wenn Sie sein Schicksal nicht teilen und sich lieber weiter vollkommen unnötig stressen wollen, sollten Sie besser die Finger von seinem Buch lassen. Ellis ist ein echter Spielverderber. Ich habe seine Methode selbst ausprobiert. Seitdem gelingt es mir nicht mehr richtig, zu meinem alten Stresspegel zurückzukehren.

Hohensee, Thomas: Gelassenheit beginnt im Kopf. So entwickeln Sie einen entspannten Lebensstil. München 2007

Was soll ich zu diesem Buch sagen? Ich bin mit dem Autor befreundet und daher total befangen. Sie sollten es nur lesen, wenn Sie völlig fertig sind. Mit dem Stress, meine ich; denn durch die Lektüre könnte es passieren, dass Sie viel gelassener werden.

Hohensee, Thomas: Glücklich wie ein Buddha. Sechs Strategien, alle Lebenslagen zu meistern. München 2006.

Großartiges Buch. Aber nur für Leute, die das Leid leid sind. Ihre einzige Chance, dem Glück zu entgehen: a) Sie lesen es nicht, b) Sie wenden das Gelesene nicht an. Wer A sagt, kann sich B schenken.